DES DROITS

ET

DES DEVOIRS DU CITOYEN.

TOME PREMIER.

AVERTISSEMENT.

Est quidem vera Lex, recta ratio naturæ congruens, disfusa in omnes, constans, sempiterna, quæ vocet ad officium ubendo, vetando à fraude deterreat; quæ tamen neque probos frustrà jubet, aut vetat, nec improbos jubendo aut vetando movet. Huic egi nec obrogari fas est, neque derogari ex hâc aliquid licet, neque tota abrogari potest. Nec verò aut per Senatum, aut per Populum solvi hâc lege possumus. Neque est querendus explanator, aut interpres ejus alius : nec erit alia lex Romæ, alia Athenis, alia nunc, alia posthac; sed et omnes gentes, et omni tempore una Lex, et sempiterna, et immortalis continebit. Unusquisque erit communis, quasi magister, et imperator omnium Deus ille, Legis hujus inventor, disceptator, Lator; cui qui non parebit, ipse se fugiet, ac naturam hominis aspernabitur, atque hoc ipso luet maximas pœnas, etiamsi cætera supplicia, quæ putantur, effugerit.

Lactantius, Lib 6 Cap. 8. Fragmenta Ciceronis de Republica.

Mably.

DES DROITS

ET

DES DEVOIRS

DU CITOYEN,

Par MABLY.

Edition augmentée d'un Discours préliminaire, par l'Auteur de la Philosophie de la Nature, et ornée du portrait de MABLY.

TOME PREMIER.

A PARIS,
Chez LOUIS, Libraire, rue Saint-Severin, N°. 29.

1793.

DISCOURS PRÉLIMINAIRE.

On a écrit la vie de Mably. Qu'y avait-il à dire à la postérité du personnel d'un homme de lettres, qui, par vertu, passa quarante ans de sa vie à se faire oublier ?

On a porté l'analyse philosophique sur tous ses ouvrages : il n'y avait que ses chefs-d'œuvres qui en fussent dignes : encore, tout le monde lit les chefs-d'œuvres de Mably ; et ce qu'on sçait par cœur n'a pas besoin d'analyse.

L'homme de génie, qui en juge un autre, n'a souvent qu'un mot à prononcer pour le peindre devant les siècles ; et ce mot se présentait de lui-même pour qui était digne de lire Mably.

Mably était un Romain des temps héroïques d'un Curion et d'un Cincinnatus, qui avait jetté son courage et son talent au milieu de la lie de nos Monarchies.

Ce peu de lignes renferme peut-être tout ce qu'il nous importe de sçavoir de la personne de Mably et de ses ouvrages, ou du moins tout ce que la postérité voudra en recueillir.

Mably, allié à la maison de Tencin, eut de bonne heure, l'occasion de déployer ses talents dans de grandes places : et, ce qui devait encore plus le flatter, une célébrité que la jeunesse obtient rarement, soit de ses talents, soit de ses places.

Le Cardinal de Tencin appella le jeune Mably auprès de sa personne : ce Tencin, qui devait la pourpre Romaine à son or et à sa bassesse, et qui, adroit à voiler la route tortueuse qu'il prenait, pour ne paraître rencontrer personne dans la route de l'ambition, parvint en rampant au premier ministère. Il fut aussi accueilli par la trop célèbre

Alexandrine, sœur du Cardinal, et la Ninon de son siècle, malgré le voile sacré de vestale, dont elle s'honora long-temps; celle-ci présenta le philosophe naissant aux Fontenelle, aux Mairan, et à toute cette société de beaux esprits adulateurs, qu'elle appellait *ses bêtes*, et qui l'étaient sans doute, quand, sans espoir de séduire, ils se laissaient mener par la beauté.

Mably se trouva également déplacé à la Cour de Louis Quinze, que dominait Tencin, et à l'aréopage de bel-esprit que présidait Alexandrine, parce qu'il était un Romain libre, et qu'il ne voyait autour de lui que des esclaves du pouvoir ou de la beauté.

Depuis quelque temps le jeune Sage faisait toutes les dépêches du premier Ministre; il composait les mémoires que celui-ci lisait au Conseil : caché derrière la toile, et mobile invisible de toutes les grandes opérations de la diplomatie, il était l'ame des Cabinets de l'Europe : la France, étonnée de la sagesse de l'administration, en faisait honneur à un génie que Tencin n'avait pas reçu, et à une raison philosophique qu'il dédaignait : un jour Mably, consulté par le Ministre automate, sur une question qui intéressait l'ordre social, répondit qu'il fallait agir en homme d'État, et non en prince de l'Église. Le prélat qui ne voyait que sa pourpre Romaine, désobéit : alors Mably quitta la Cour, et abandonna le Cardinal à sa nullité.

Mably, en quittant les rênes du gouvernement, se serait contredit, s'il avait aspiré à tenir celle de l'académie d'Alexandrine : il se dégagea peu à peu des liens qui l'enchaînaient à la société de la seconde Aspasie, et s'enfermant dans la tombe des Sages de l'antiquité, il ne voulut plus tenir aux gens de lettres de son siècle, que par l'intermède de Platon, de Plutarque et de Tite-Live.

Mably rompit avec le lycée d'Alexandrine, par une raison qui y aurait attaché à jamais un écrivain vulgaire; il venait de publier son PARALLÈLE DES FRANÇAIS ET DES ROMAINS, ouvrage écrit de bonne foi, et qui ne devait être qu'une ironie continue sous la plume délicate d'un Lucien. L'ouvrage prôné par les *bêtes* ingénieuses qu'Alexandrine menait en lesse, fut porté aux nues ; mais Mably, dont le commerce avec les beaux génies de la Grèce et de Rome avait, dans l'intervalle, mûri les idées, rougissant du succès de son livre et convaincu du néant d'une renommée contemporaine, eut le courage d'adopter une solitude absolue, et d'expier, en travaillant pour la postérité, la honte d'avoir été loué de son vivant pour un ouvrage mal fait, que son titre seul condamnait à l'oubli.

Depuis ce moment l'ame et la plume de Mably prirent toute leur énergie : il ne fit plus paraitre que des écrits marqués au sceau de la vérité et de l'indépendance : des écrits faits pour laisser une trace profonde dans l'histoire philosophique du siècle, mais qui ne devaient être accueillis par aucun roi absolu, et couronnés par aucune académie.

Le caractère de Romain, qu'il semblait avoir reçu de la nature, et auquel le commerce des hommes futiles avec qui il était condamné à vivre, ne faisait que donner plus de ressort, l'avait rendu sur la fin de sa vie un républicain si prononcé, que les sociétés littéraires les plus affranchies de toute espèce de joug, lui répugnaient, quand il fallait voiler ses opinions pour s'en faire admettre. Des Sages qui croyaient que l'Académie Française avait besoin de ses lumières, ayant proposé de l'y introduire;

troduire : » non, répondit-il, le » grand visir qui l'a fondée me » déplaît : il faudrait le louer dans » mon discours de réception, et » jamais je ne prostituerai une » plume libre à faire l'éloge d'un » Richelieu.

Un compatriote de Caton et de Fabricius, au milieu des Sybarites d'une vieille Monarchie, semble un conjuré qui lutte contre son siècle : il contracte quelque chose d'âpre et de sauvage, soit dans sa personne, soit dans ses écrits, qui repousse jusqu'à ses admirateurs; on est tenté pour être tout à fait juste envers lui, d'attendre qu'il n'existe plus que par sa mémoire.

Tel fut Mably, même dans la société circonscrite qu'il s'était choisie : ses amis, tout en rendant justice à l'excellence de son cœur, redoutaient son despotisme d'opinion. Quand il ne s'agissait que d'obliger en silence, c'était Phocion ou Catinat: quand il discutait quelque problême de politique, il semblait Séjan ou Richelieu.

Ce vernis d'âpreté républicaine, se répandait jusques dans les ouvrages de Mably : jamais sa raison austère ne descendit jusqu'à parler à l'imagination des hommes qu'il voulait régénérer : il était enthousiaste de Platon, et, malgré l'exemple de ce disciple de Socrate, il dédaigna de sacrifier aux Graces : il regardait Tite-Live comme le plus parfait des historiens, et il ne l'imita que dans la longueur de ses périodes.

Au reste, les penseurs, qui à la longue, mènent leur siècle, lui ont pardonné cette sévérité de style en faveur des vérités grandes et neuves qui étincellent dans ses chefs-d'œuvres.

Les chefs-d'œuvres de Mably sont ; LE DROIT PUBLIC DE L'EUROPE, FONDÉ SUR LES TRAITÉS, que des hommes d'État ont appellé le manuel des Ministres : le PHOCION, qui couronné, sans avoir concouru, par une société

Républicaine, a un peu réconcilié la raison avec les prix des académies; et surtout le livre que nous réimprimons aujourd'hui, un des ouvrages majeurs qui a amené la révolution Française, et par contre-coup, la régénération de l'Europe.

Ce traité est hardi sans doute, et il l'était bien plus à l'époque où il fut imprimé : à cette époque où le trône semblait encore la clé de la voute dans l'édifice de la liberté Française : où la

Nation, la Loi, et le Roi, étaient dans tous les cœurs, comme sur tous les drapeaux : où les opinions les plus républicaines germaient sans péril à l'ombre des pouvoirs, à condition qu'il n'y aurait point de république.

Mais Mably, tout ennemi qu'il se montre dans ce livre, du despotisme royal, n'a point l'inepte férocité d'aduler le despotisme populaire : il ne fait concourir au gouvernement que les hommes accoutumés à le faire marcher :

il place le bonheur des peuples à une égale distance de la tyrannie et de l'anarchie.

Convaincu que le Législateur qui ne parle à l'homme social que de ses devoirs, est un lâche, et que celui qui ne l'instruit que de ses droits, est un pervers, il a eu la sagesse de réunir les mots de *droits* et de *devoirs* dans le frontispice de son ouvrage.

Il appelle dans ce livre l'insurrection contre des loix injustes et un code oppresseur; mais il veut que cette insurrection, effet nécessaire, mais toujours terrible d'un ordre social qui se désorganise, soit préparée par des esprits sages et exécutée par des hommes de bien.

Il desire qu'un gouvernement, où le souverain n'est représenté que par des tyrans, s'anéantisse; mais le mode de cet anéantissement n'est point indifférent à sa raison profonde : il ne veut pas qu'on avilisse les pouvoirs qu'on se propose de régénérer : il prémunit contre l'inexpérience cruelle des législateurs qui déchirent les plaies de l'État pour les cicatriser ; il tonne surtout contre le système flétrissant qui marche par la dégradation des mœurs à l'amélioration des loix.

Je ne fais point le panégyrique de Mably : le panégyrique d'un homme extraordinaire, tandis que sa cendre fume encore, n'est presque toujours qu'un outrage à sa mémoire : ainsi je ne dissimulerai point qu'il y a dans l'ouvrage que nous réimprimons des principes sur la propriété, sur la guerre civile, dont il est facile à des perturbateurs d'abuser, surtout dans un empire affaissé depuis long-temps par le poison lent du luxe, qui ne marche que pour se désorganiser, et ne déploye les restes de sa vigueur que pour se détruire.

Ces considérations avaient déterminé mon patriotisme à rectifier par des notes, les textes dangereux où Mably, sans le vouloir, seme, dans des esprits mal organisés, des germes d'anarchie : j'osais en même temps faire marcher de front un pareil travail sur le CONTRAT SOCIAL, bien persuadé que c'était mériter de mes concitoyens que d'épurer les objets de leur culte, et de faire le procès à la cendre de leurs grands hommes, pour justifier l'orgueil de leur apothéose.

Mais la Convention actuelle,

travaillant à un code, destiné à régénérer le genre-humain, j'ai dû par respect pour les représentants de la souveraineté, attendre que leur ouvrage fut publié, pour répandre ou pour supprimer le mien : heureux à cette époque de le répandre, si nos législateurs s'égarènt, plus heureux, s'ils répondont à l'attente des Sages, de le supprimer.

D'ailleurs, si on n'a pas perdu de vue le fondement de ces Préliminaires, si on se persuade bien que Mably, Romain par principe et par caractère, n'organise une république que pour des Cincinnatus et des Curion, on justifiera aisément ce philosophe d'avoir pris quelquefois de l'audace pour du courage. Les peuples qui ont des mœurs, n'abusent jamais des armes qu'on offre à leur inexpérience; le feu qu'on leur fait attiser dans le temple de la Liberté, éclaire l'édifice et ne l'embrase jamais.

J'ajouterai que quand Mably,

descendant des régions intellectuelles du Platonisme, se rappelle qu'il est avec des êtres la plupart faibles, sans caractère et sans morale, il met lui-même le correctif à ses assertions audacieuses : voici un texte que je tire de la quatrième lettre de son ouvrage, et qui renferme son apologie, du moins aux yeux des hommes qui n'empoisonnent pas tout ce qu'ils lisent, comme on l'a reproché de tout temps aux propagateurs de l'anarchie.

» Dans les régions heureuses,
« où les loix, ouvrage d'un peu-
» ple libre, sont méditées, faites
» et publiées avec ces formalités,
» et cette lenteur sage et ré-
» fléchie, qui leur donnent de
» la majesté et de la force, je
» voudrais, avec Platon, que le
» citoyen ne prétendît pas être
» plus sage que la loi, en re-
» fusant d'obéir à ce qu'il croit
» injuste. Il doit proposer des
» doutes et demander des éclair-
» cissements; mais qu'il obéisse

» par provision. Son obéissance » ne sera pas criminelle; douter » n'est pas un motif suffisant » pour s'opposer à la loi : d'ail- » leurs la sagesse du gouverne- » ment sous lequel il vit, ne » justifie-t-elle pas son obéis- » sance ?

» Mais dans une pure démo- » cratie, où tout citoyen peut » proposer ses rêveries, pour » en faire des loix, où l'on n'a » pris aucune précaution raison- » nable pour déconcerter les

» complots des mal intentionnés,
» pour prévoir l'engouement et
» amortir les passions toujours
» impétueuses de la multitude,
» il est évident que tout se dé-
» cide par vertige : dois-je alors
» humilier mon sens commun,
» jusqu'au point de le soumettre
» aveuglement aux décrets d'une
» Assemblée qui n'est qu'une
» cohue ? Ne m'est-il pas permis
» comme à Lycurgue de conjurer
» contre des loix qui font le mal-
» heur de ma patrie ?

En général, on verra par la lecture approfondie de cet ouvrage, que si Mably s'élève contre les mauvaises loix, il tonne avec encore plus de vigueur contre l'absence des loix : républicain hardi, mais ami des hommes, il veut que tout état qui a la conscience de ses forces, s'appartienne à lui-même, sans emprunter l'appui impur des factions : il appelle l'insurrection contre la tyrannie circonscrite des rois, mais il l'invoque avec non moins d'énergie contre la tyrannie illimitée des fauteurs de l'anarchie.

Sous quelque point de vue qu'on envisage Mably, on reconnait qu'il n'avait rien des vices brillants, ni des vertus efféminées de la vieille monarchie où il vivait ; c'était un de ces héros antiques, que la nature avait oublié de faire naître dans la Rome de Camille ou dans la Sparte de Lycurgue ; qui était plus fait pour écrire l'histoire avec

Polybe, qu'aprés Voltaire, et dont la place, comme homme d'état, était moins dans un Conseil présidé par Tencin, qu'auprés des Éphores, qui envoyèrent Léonidas aux Thermopyles.

Et puisque la France voulait se régénérer, puisqu'elle relevait ses noms inconnus en les associant a ceux des héros de Rome et du Péloponèse, il fallait qu'elle couronnât son ouvrage, en plaçant la cendre de Mably dans son Panthéon.

OUVRAGES

DE L'AUTEUR DE CES PRÉLIMINAIRES QUI SE TROUVENT CHEZ LE MÊME LIBRAIRE.

PHILOSOPHIE DE LA NATURE, cinquième Édition originale, 7 volumes in 8°, avec gravures . . . . 42 liv.

Il en reste très-peu d'exemplaires ; on en prépare une sixième Édition, la seule complette, en 12 volumes in-8°. avec trente belles gravures.

HISTOIRE DES HOMMES,

Edition in-12, 60 volumes, en y comprenant cent onze planches de gravures 160

L'Édition in-8°. de cette Histoire Universelle, la seule que le Savant puisse consulter, et que l'homme de goût puisse lire, est épuisée : l'édition in-12 est sur le point de l'être, et le prix, en mai prochain, sera porté de 160 liv. à 200

THÉATRE DE SYBARIS, seconde Édition, 3 volumes in-18. papier ordinaire 6

Le même ouvrage, papier vélin 12

MA REPUBLIQUE, 12 volumes in-18., papier ordinaire..18

Idem, en beau papier fin...30

L'Édition de cet ouvrage célèbre, déjà traduit en trois langues, tend à sa fin : le prix, en mai, du papier ordinaire, sera porté à 20
et celui du papier fin à . . 36

HISTOIRE COMPLETTE DE L'ANCIENNE ROME, Édition nouvelle donnée cette année (1793) : ouvrage qui renferme le tableau le plus fidele de nos triomphes et de nos désastres, 15 volumes in-12, avec 40 gravures . . . . 37 l. 10 s.

HISTOIRE DE L'ANCIENNE

GRECE, troisième édition originale en beau papier et ornée de 73 belles gravures, in-8°., 13 volumes 96

Idem, in-12, 12 volumes avec onze cartes 30

HISTOIRE DES ÉGYPTIENS sous les Pharaons et les Ptolémées, 4 volumes in-8°., avec gravures 18

DES DROITS

ET

DES DEVOIRS DU CITOYEN.

LETTRE PREMIÈRE.

A quelle occasion ont été tenus les Entretiens dont on rend compte dans cet Ouvrage. Premier Entretien. Réflexions générales sur la soumission que le citoyen doit au Gouvernement sous lequel il vit.

QUE faites-vous à Paris, monsieur, tandis qu'on vous desire ici? Eh quoi! toujours des affaires?

Que cette chaîne doit vous paroître pesante ! puisque vous ne pouvez la rompre, je veux du moins essayer de vous consoler, en vous rendant compte de quelques entretiens que j'ai avec milord Stanhope. Nous le possédons depuis deux jours dans cette retraite délicieuse, où la liberté et la philosophie se sont réunies. Vous savez quelle est ma réputation dans la connoissance des jardins de Marly ; ainsi, j'ai été chargé d'en faire les honneurs à milord, et ce que je regardois d'abord comme une corvée, je le regarde à présent comme une faveur singulière de la fortune. Je croyois m'être apperçu que milord Stanhope est peu jaloux de nos graces françaises, et je lui savois mauvais gré de ne pas faire le moindre effort pour tâcher de nous copier. Sa politesse est noble et vraie ; n'importe, je ne manque pas de le prendre pour de l'orgueil anglais. Me voilà donc érigé, par dépit, en champion de la nation. Pour nous venger, je veux obliger milord à tout admirer en France; et, pour dégrader le parc Saint-James et les jardins de Windsor, dont je le crois fort occupé, je me fais un plaisir malin de lui faire remarquer en détail toutes les beautés du *petit parc* de Marly.

Convenez, milord, lui dis-je, en nous trouvant sur la terrasse de l'abreuvoir, après avoir parcouru lentement les bosquets, qu'il n'est point au monde de décoration plus riante que celle que présentent ces jardins. Les grands artistes savent quelquefois réaliser les idées fantastiques des contours de féeries. Que d'art il a fallu pour découper ces montagnes, qui forment de tout côté un vaste amphithéâtre où l'œil se repose avec volupté! L'eau de ces bassins et de ces cascades est puisée dans la Seine, qui coule à soixante toises au-dessous de nos pieds. Que de richesses prodiguées, et, cependant, employées avec assez d'élégance pour ne point fatiguer par leur profusion ! Je ne crois pas que dans le reste de l'univers il y ait quelque habitation royale qui vaille cette simple guinguette du roi. Vous avez raison, me répondit milord en souriant ; je vous réponds de l'Angleterre : nos pères un peu grossiers y ont mis bon ordre ; mais je crains bien, continua-t-il en prenant un air plus sérieux, que notre corruption n'élève enfin à nos princes des palais aussi agréables, et plus superbes que les vôtres.

Honteux, à ces mots, de ma petite vanité, je commençois, monsieur, à me douter que je pourrois bien avoir tort, et j'en fus bientôt pleinement convaincu. En traversant vos provinces, me dit milord, j'ai deviné tout ce que je trouverois ici. Dans un pays naturellement fertile, habité par des hommes actifs et industrieux, j'ai vu des terres en friche, des paysans pâles, tristes et à moitié nuds, et des cabanes à peine couvertes de chaume : que pouvois-je en conclure ? que je verrois ailleurs un luxe scandaleux et des guinguettes plus riches que ne doit l'être le palais d'un roi juste et père de ses peuples. Si les choses en elles-mêmes les plus simples, poursuivit-il, n'étoient souvent une énigme pour des étrangers toujours peu instruits, je croirois entrevoir quelque sorte de contradiction entre les plaintes que vous arrachoit hier au soir la situation fâcheuse de vos finances et du peuple, et les éloges que vous prodiguez ce matin aux dépenses inutiles, et peut-être pernicieuses de votre gouvernement.

Milord, lui répondis-je avec un embarras dont je me sais gré, vous n'avez, sans doute, que trop raison ; et ce que vous venez de me dire, est un trait de lumière qui dissipe en un moment tous mes préjugés. Au-lieu d'éloges, je devois vous faire des excuses pour les merveilles que je vous montre. La gloire que vous tirez de l'abondance où vit votre peuple est aussi raisonnable, que notre vanité est ridicule à nous complaire dans une magnificence superflue, dont nous payons les frais de notre nécessaire. Je me le tiens pour dit : je serai désormais plus circonspect. Ma philosophie va jusqu'à savoir que des lois qui tempèrent l'autorité du prince, pour laisser aux sujets la jouissance de leur fortune et leur travail, sont préférables à de beaux jardins. Jouissez d'un bonheur qui n'est pas fait pour nous, et que nous admirons sans l'envier.

Tandis que vous vous tourmentez pour conserver votre liberté, n'y a-t-il pas une sorte de sagesse à s'étourdir sur sa situation quand on ne peut pas la changer ? Nous autres Français, nous avons été libres, comme vous l'êtes aujourd'hui en Angleterre; nous avions des états, qui n'ont jamais fait aucun bien: la mode en est passée avec celle des vertugadins et des collets-montés; nos pères ont vendu, donné, et laissé détruire leur liberté; à force de la regretter, nous ne la rappellerions pas. Le monde se conduit par des révolutions continuelles : nous sommes parvenus au point d'obéissance où vous parviendrez à votre tour. Nous nous laissons aller tout bonnement à la fatalité qui gouverne les choses humaines ; que nous serviroit de régimber contre le joug ? nous en sentirions davantage le poids : en effarouchant notre maitre, nous rendrions son gouvernement plus dur. Peut-être que la bonne philosophie consiste moins à raisonner sur les inconvéniens de sa situation, qu'à s'y accoutumer ; il faut s'étourdir, tâcher de trouver tout bon, et s'exercer à la patience, qui rend enfin tout supportable, et tous les états de la vie à-peu-près égaux.

Je croyois avoir dit des merveilles, monsieur, mais point du tout ; milord Stanhope fut très-mécontent de ma philosophie. A travers toutes les enveloppes de politesse sous lesquelles il se cachoit à moitié, je découvris sans peine que cette sagesse dont je lui faisois l'éloge, n'étoit qu'une lâche et paresseuse pusillanimité que quelques voluptueux avoient tournée en système, que les sots avoient adoptée par sottise, les fripons par friponnerie et les poltrons par poltronerie. Pardonnez-moi me dit milord, la vivacité avec laquelle je m'exprime; les mots de liberté et d'esclavage ne me laissent jamais de sang-froid. Quand je n'aurois aucune idée des liens qui unissent tous les peuples, quand je ne saurois pas que je dois leur vouloir du bien à tous, je desirerois, par amour pour ma patrie, qu'ils fussent heureux; car leur bonheur donneroit sans doute à mes compatriotes une émulation utile. Comme nous adoptons les vices des étrangers, nous adopterions sans doute aussi quelques vertus. Par une suite du commerce qui unit et lie aujourd'hui tous les peuples, les vices d'une nation doivent infecter ses voisins. Pourrois-je donc voir sans émotion les progrès du despotisme qui fait presque oublier dans toute l'Europe, le principe, l'objet et la fin de la société? Quand l'homme, ignorant qu'il a des droits et des devoirs en qualité de citoyen, se dégrade jusqu'à chercher des raisons pour se prouver qu'il doit être esclave, et qu'il doit chérir ses fers, je crains que cet exemple contagieux ne prépare mon pays à la servitude; je crains qu'avec les richesses des étrangers, leurs passions molles ne viennent avilir notre caractère, et je croirois alors faire un crime que de cacher ou simplement de déguiser la vérité.

J'en suis avide, milord, lui répondis-je, et pardonnez notre inconsidération française qui nous fait dire et ce que nous pensons, et ce que nous ne pensons pas, sans trop nous rendre compte de ce que nous disons. Quoi qu'il en soit, peut-être suis-je digne que vous me montriez cette vérité; mais je vous l'avouerai, vous venez de me parler des droits et des devoirs du citoyen, d'une manière qui me fait soupçonner, ou que je ne comprends pas bien les idées que vous attachez à ces mots, ou que je suis bien éloigné d'y attacher les mêmes idées. Permettez-moi de vous faire juge de mes pensées ou de mes visions : les voici :

Je crois que les hommes sont sortis des mains de la nature parfaitement égaux, par conséquent sans droits les uns sur les autres, et parfaitement libres. Elle n'a point créé des rois, des magistrats, des sujets, des esclaves : cela est évident ; et elle ne nous a dicté qu'une seule loi ; c'est de travailler à nous rendre heureux. Tant que les hommes restèrent dans cette situation, leurs droits étoient aussi étendus que leurs devoirs étoient bornés. Tout appartenoit à chacun d'eux ; tout homme étoit une espèce de monarque qui avoit droit à la monarchie universelle. A l'égard des devoirs, j'imagine que personne ne pouvoit être coupable, puisque chaque homme ne devoit rien encore qu'à lui-même, et qu'il étoit impossible qu'il n'obéît pas à la loi imposée par la nature, de se rendre heureux.

La naissance de la société produisit une révolution singulière : l'homme devenu citoyen, convint avec ses pareils de ne plus chercher son bonheur que suivant de certaines règles et qu'avec de certaines modifications ; on se fit mille sacrifices de part et d'autre. En s'obligeant de respecter en autrui les droits qu'il vouloit faire respecter en soi, le citoyen a mis sans doute des bornes étroites au pouvoir illimité qu'il avoit comme homme. Mais ces conventions ne suffisoient pas pour affermir les fondemens de la société naissante; le nouvel édifice devoit s'écrouler si les lois n'étoient pas exécutées ; il fallut donc créer des magistrats entre les mains de qui le citoyen renonça à son indépendance. Dès ce moment, milord, l'homme ne me paroît plus qu'un roi détrôné; il a en quelque sorte changé de nature; et pour juger de ses nouveaux devoirs dans cette nouvelle situation, il seroit nécessaire de connoître les pactes qu'il a faits avec ses concitoyens, et sur-tout d'examiner les lois constitutives du gouvernement; et c'est ce dernier rapport du citoyen à l'ordre public, qui mérite une attention particulière.

Ici le peuple est lui-même son propre législateur; là, un sénat et des familles privilégiées possèdent la souveraineté, qui est ailleurs confiée toute entière à un seul homme. Le code des nations offre le tableau le plus fidèle de la bizarrerie et des caprices de l'esprit humain : chaque contrée a sa morale, sa politique et ses loix différentes. Au milieu de ce chaos ténébreux, comment trouver des droits et des devoirs qui appartiennent effectivement à l'humanité ? En vérité, milord, un Anglais a raison en Angleterre, un Français en France, et un Allemand en Allemagne. J'ai parcouru Grotius, Hobbes, Wolf, Puffendorf : ils me disent tous qu'un citoyen se trouve lié par les lois de la société dont il est membre, et je le crois sans peine. Dire que ces lois ne sont pas la mesure des droits et des devoirs du citoyen, ce seroit ruiner la société pour laquelle tous nos besoins, toutes nos passions et notre raison nous apprennent également que nous sommes faits, et sans laquelle il n'y a point de bonheur à espérer pour les hommes.

Milord m'avoit écouté, monsieur, avec plus d'attention que je n'en méritois, et je m'en apperçus à la manière dont il me répondit. Souffrez, me dit-il, que je ne sois pas tout-à-fait de votre avis. On se persuade trop aisément que les droits de l'homme fussent sans bornes avant l'établissement des sociétés, ou qu'il n'eût alors aucun devoir à remplir. Cette doctrine pourroit être vraie pour les premiers momens de la naissance du genre-humain, en supposant que les premiers hommes, semblables à l'enfant qui vient de naître, fussent d'abord occupés à essayer, développer, étudier et perfectionner l'usage de leurs sens, d'où doivent naître leurs idées. N'étant, pour ainsi dire, encore que dans la classe des brutes, puisque leur raison ne les éclairoit pas, ils obéissoient machinalement au sentiment du plaisir et de la douleur. Il n'y avoit alors ni droits ni devoirs; la morale n'étoit pas née pour ces automates, comme elle n'est point née pour les sauvages qui broutent dans les forêts, ou pour l'enfant qui se joue dans les bras de sa nourrice. Que nous importe cette situation ? elle n'est pas la nôtre, et n'a peut-être jamais existé.

Mais dès que le sentiment répété du plaisir et de la douleur eut gravé un certain nombre d'idées dans la mémoire; quand les hommes, avec le secours de l'expérience, commencèrent à appercevoir des rapports entre les objets qui les environnent; quand ils purent réfléchir, comparer et raisonner; est-il vrai que leurs droits fussent sans bornes, et qu'ils ne connussent aucun devoir; pourquoi cette raison naissante ne devroit-elle exercer aucune autorité sur des êtres qui commençoient à être raisonnables ? Ce que nous appelons le juste et l'injuste, l'honnête et le déshonnête, le bon et le mauvais, tout cela avoit-il besoin du secours des lois politiques, pour leur paroître égal et arbitraire ? Avant toutes les conventions civiles, la bonne foi étoit distinguée de la perfidie, et la cruauté de la bienfaisance, puisque l'homme étoit fait de manière qu'il devoit éprouver un sentiment de plaisir et de douleur par les actions bienfaisantes ou cruelles de ses pareils, et par là doit se développer cet instinct moral qui honore notre nature.

Faites attention, ajouta milord, que l'idée du bien et du mal a nécessairement précédé l'établissement de la société; sans ce secours, comment les hommes auroient-ils imaginé de faire des lois ? Comment auroient-ils su ce qu'il falloit défendre ou ordonner; votre philosophie vous conduiroit à reconnoître des effets qui n'auroient point de cause. Si les hommes connoissent le mal dans l'état de nature, ils ne pouvoient donc pas tout faire ; leur raison étoit leur loi et leurs magistrats ; leurs droits étoient donc bornés : s'ils connoissoient le bien, ils avoient donc des devoirs à remplir. Convenez, poursuivit milord en souriant, que loin de dégrader notre nature, l'établissement de la société l'a au contraire perfectionnée. Les lois et toute la machine du gouvernement politique n'ont été imaginées que pour venir au secours de notre raison, presque toujours impuissante contre nos passions.

De ce principe, que je crois incontestable, je dois conclure, si je ne me trompe, que le citoyen est en droit d'exiger que la société rende sa situation plus avantageuse. Je conviens que les lois, les traités, ou les conventions que les hommes font en se réunissant en société, sont en général les règles de leurs droits et de leurs devoirs ; le citoyen doit y obéir, tant qu'il ne connoît rien de plus sage ; mais dès que sa raison l'éclaire et le perfectionne, est-elle condamnée à se sacrifier à l'erreur ? Si des citoyens ont fait des conventions absurdes ; s'ils ont établi un gouvernement incapable de protéger les lois ; si en cherchant la route du bonheur ils ont pris un chemin opposé ; si malheureusement ils se sont laissé égarer par des conducteurs perfides et ignorans ; les condamnerez-vous inhumainement à être les victimes éternelles d'une erreur ou d'une distraction ? La qualité de citoyen doit-elle détruire la dignité de l'homme ? Les lois faites pour aider la raison et soutenir notre liberté, doivent-elles nous avilir et nous rendre esclaves ? La société destinée à soulager les besoins des hommes, doit-elle les rendre malheureux ? Ce desir immense que nous avons d'être heureux réclame continuellement contre la surprise ou la violence qui nous ont été faites. Pourquoi n'aurois-je aucun droit à faire valoir contre les lois incapables de produire l'effet que la société en attend ? Ma raison me dit-elle alors que je n'ai aucun devoir à remplir ni pour moi ni pour la société dont je suis membre ?

Les écrivains que vous avez lus, continua milord, sont certainement des hommes d'un mérite très-distingué; mais avant eux, on n'avoit pas encore appliqué la philosophie à l'étude du droit naturel et de la politique. Quand ils ont écrit, le gouvernement monarchique étoit établi presque par-tout; il succédoit à la police absurde des fiefs qui avoit inondé l'Europe des préjugés les plus grossiers ; et les rois, ou plutôt leurs ministres, abusoient de leur nom et de leur autorité, tenoient déjà la vérité aussi captive que les peuples. Grotius étoit plus érudit que philosophe ; on sent cependant que ce génie étoit profond, étoit fait pour trouver la vérité, mais il se défioit de ses forces, une vérité hardie l'étonnoit, et il manquoit du courage nécessaire pour attaquer et détruire des erreurs révérées. Il étoit né dans une république nouvelle où l'on connoissoit le prix de la liberté ; mais la fortune, en l'exilant, l'avoit attaché au service de la reine Christine, quand il composa son droit de la paix et de la guerre, et il avoit la fantaisie de le publier sous les auspices de votre Louis XIII. Puffendorf, né dans un pays où il n'y a de la liberté que pour les oppresseurs de leur nation, me paroît quelquefois assez philosophe, pour que je le soupçonne de déguiser ailleurs la vérité qu'il connoissoit, et à laquelle il ne vouloit pas sacrifier les bienfaits de quelques princes qui le protégeoient. Wolff a presque toutes les erreurs de ces deux savans, et son ouvrage fatiguant, que personne n'a la patience de lire, n'a pu ni instruire ni tromper personne. Hobbes auroit pu ravir à Locke la gloire de vous faire connoître les principes fondamentaux de la société; mais attaché par une suite des événemens, ou par intérêt, à un parti malheureux, il a employé toutes les ressources d'un génie puissant pour établir un systême funeste à l'humanité, et qu'il auroit condamné, si au lieu des désordres de l'anarchie, il eût éprouvé les inconvéniens du despotisme.

Comment s'y prennent ces écrivains pour dépouiller le citoyen de ses droits les plus légitimes ? Jamais ils ne vous présenteront un objet sous toutes ses faces. Tantôt ils décomposent trop subtilement une question, tantôt ils la chargent d'accessoires qui lui sont inutiles. Ils entassent sophismes sur sophismes. Parlent-ils du respect profond qui est dû aux lois, ils se garderont bien de faire remarquer au lecteur, que s'il y a des lois justes, c'est-à-dire, conformes et proportionnées à notre nature, il y en a d'injustes, auxquelles on ne peut obéir sans humilier l'humanité et préparer la décadence et la ruine de l'état. Ils affectent de ne connoître ni les hommes, ni les ressorts propres à les mouvoir. Parce que telle administration, diamétralement opposée à l'institution et à la fin de la société, produit par hasard un bien passager ou faux, ils vous diront hardiment que c'est une police merveilleuse dont il faut craindre de déranger l'harmonie. Ils vous prouveront qu'il faut obéir aveuglément à la loi, en étalant avec éloquence, ou simplement avec longueur, les prétendus dangers de l'examen. Laissez-les faire, ils vous démontreront que l'auteur de la nature a eu tort de vous donner une raison, et qu'elle doit se taire devant celle du magistrat qui vous domine, et qui ne prendra pas la peine de penser. Ils triomphent, quand ils viennent à parler de troubles, d'anarchie et de guerres civiles; l'imagination est alarmée, on a peur, et on les croit trop légèrement sur leur parole.

Si je vous faisois voir à mon tour quelle semence féconde de maux une seule loi injuste est capable de jeter dans un état ! Si je vous démontrois que les vices les plus énormes de la plupart des gouvernemens, ne doivent leur origine qu'à une erreur, même légère, qui tendoit à dégrader la dignité des hommes ; si je vous faisois envisager les suites funestes de cette obéissance aveugle et servile qui, au mépris de notre raison, et de la nature qui nous en a doués, nous transforme en automates ; que sais-je ? Quand l'amour de l'ordre et du repos n'est pas éclairé, si je vous prouvois qu'il nous précipite rapidement au devant de tous les maux que nous voulons éviter ; si je vous découvrois que le despotisme avec ses prisons, ses gibets, ses pillages, ses dévastations sourdes et ses imbécilles et cruelles inepties, est le terme inévitable des principes de vos jurisconsultes, ne vous deviendroient-ils pas justement suspects.

Monsieur, ajouta milord d'un

ton ferme, jamais on ne s'écartera impunément de l'ordre que nous prescrit la nature ; il est juste que nous soyons punis quand nous voudrons être plus sages qu'elle, ou heureux sans la consulter : que de choses j'aurois à vous dire ! mais c'est assez de vous avoir proposé quelques doutes. Ce seroit profaner ces jardins agréables, dit milord en souriant, que de parler plus long-temps droit naturel et politique. Non, non, lui répartis-je avec vivacité : vous voulez en vain changer de conversation : vous m'avez ouvert les yeux, milord, n'est-ce que pour me montrer que je suis dans l'erreur ? Sans votre secours je n'en sortirai jamais. Vous m'avez fait l'honneur de me le dire : cacher la vérité, c'est un crime : voulez-vous, de gaité de cœur vous rendre criminel ? Je mets mon ignorance, mes préjugés et leurs suites sur votre conscience.

Je ne saurois vous dire, monsieur, quelle foule d'idées se présentoient confusément à moi ; tout ce que j'avois pensé jusqu'alors me paroissoit tomber en ruine. Mon esprit, qui cherchoit une vérité à laquelle il pût s'attacher, se portoit rapidement à la fois de mille côtés différens. Nous nous levâmes pour continuer notre promenade ; Milord, à son tour, voulut me faire admirer quelques statues, et je ne voulois que raisonner et m'instruire.

Votre magnificence, me dit-il, me paroît trop magnifique : en exposant aux injures de l'air cet *Apollon*, ces *enfans qui jouent avec un bouc*, cette *Cléopâtre*, que nous avons admirés, et ces *lutteurs* qui devroient orner un cabinet, il semble que vous n'en connoissiez pas le prix. A la bonne heure, milord, lui répondis-je; je me soucie peu de ces petits torts, depuis que vous m'avez appris que tout ce jardin ensemble est un grand tort contre la morale politique. Vous m'avez trouvé d'abord trop sévère, reprit milord, et à présent c'est à moi à vous humaniser, puisque les rois sont du moins bons à faire de belles promenades. Un Français peut en jouir sans scrupule : elles sont faites à ses dépens; et un Anglais peut les voir avec quelque plaisir; c'est à cette magnificence que nous devons peut-être l'empire que vous nous laissez sur la mer.

Milord avoit beau s'écarter, monsieur, j'étois trop occupé de ces droits et de ces devoirs que je ne connoissois pas encore, pour ne pas l'y ramener sans cesse. C'est votre faute, lui dis-je, si je vous persécute; pourquoi m'avez-vous parlé de la partie de la morale la plus intéressante pour les hommes ? Il n'est pas encore temps de rentrer ; et ces statues que vous voyez d'ici, ne sont que quelques statues antiques, médiocres et assez mal réparées. L'homme, milord, est bien plus digne de votre attention que les arts qu'il a inventés.

Vous le voulez donc absolument ? eh bien, raisonnons, j'y consens ; mais dans la crainte de nous tromper, gardons-nous, me dit-il, de nous trop hâter, marchons méthodiquement ; et pour nous faire quelques règles certaines dans la recherche des droits et des devoirs du citoyen, examinons avec soin la nature de l'homme. Si nous trouvons qu'il y ait des choses qui lui appartiennent si essentiellement qu'on ne puisse l'en séparer sans le dégrader, nous en conclurons que la société et le gouvernement fait pour ennoblir l'humanité, ne sont point en droit d'en priver les citoyens.

Notre attribut le plus essentiel et le plus noble, c'est la raison ; elle est l'organe par lequel Dieu nous instruit de nos devoirs, et le seul guide qui puisse nous conduire au bonheur. C'est cette loi éternelle et immuable dont le sénat ni le peuple, dit Cicéron, ne peuvent nous dispenser ; elle est la même à Athènes et à Rome ; elle subsistera dans tous les temps ; et ne pas s'y conformer, c'est cesser d'être hommes. Si le gouvernement sous lequel je vis me laissoit l'usage libre et entier de ma raison ; s'il ne servoit qu'à m'affermir dans la pratique des devoirs que je crois essentiels, je sens à merveille que je dois le respecter. Le magistrat remplit les devoirs de l'humanité : le mien est de lui obéir, et de voler à son secours, quand quelques passions voudront déranger l'harmonie de la société. Mais vous, ajouta milord en me serrant la main, si par hasard vous vous trouviez dans un pays où l'état fût sacrifié aux passions du magistrat ; si le despotisme, ennemi de la nature, et jaloux des droits qu'elle nous a donnés, vous conduisoit, vous et vos concitoyens esclaves, comme mon fermier conduit les troupeaux de sa ferme, votre raison vous diroit-elle que c'est là la fin merveilleuse que les hommes se sont proposée, quand, renonçant à leur indépendance naturelle, ils ont formé des gouvernemens et des lois ? Quand Dieu vous ordonne d'être homme, n'avez-vous aucun droit à faire valoir contre un despote qui vous ordonne d'être une brute; et votre devoir consiste-t-il à seconder son injustice?

Remarquons, poursuivit milord, que la liberté est un second attribut de l'humanité : qu'elle nous est aussi essentielle que la raison, et qu'elle en est même inséparable. A quoi nous serviroit que la nature nous eût doué de la faculté de penser, de réfléchir et de raisonner, si, faute de liberté, nous étions condamnés à ne pas faire usage de notre raison ? Si Dieu avoit voulu que la volonté d'un magistrat m'en tînt lieu, il auroit sans doute créé une espèce particulière d'êtres pour remplir cette auguste fonction. Il ne l'a point fait : je dois donc être libre dans la société. Les lois, le gouvernement, les magistrats ne doivent donc exercer, dans le corps entier de la société, que le même pouvoir que la raison doit exercer dans chaque homme. Ma raison m'a été donnée pour diriger, régler et tempérer mes passions, m'avertir de leurs erreurs, et les prévenir. Voilà quel est aussi le devoir du gouvernement, car les hommes n'ont fait des lois et des magistrats, et ne les ont armés de la force publique, que pour prêter un nouveau secours à la raison particulière de chaque individu, affermir son empire chancelant sur les passions, et, par une espèce de prodige, les rendre aussi inutiles qu'elles pourroient être pernicieuses.

Après ces réflexions sur la nature de l'homme, et dont je ne vous offre que l'ébauche, m'est-il possible de jeter les yeux sur les folies que nous honorons du beau nom de police et de gouvernement, et de m'aveugler jusqu'au point de croire que les devoirs du citoyen soient de s'abandonner au torrent de l'erreur, et que son seul droit soit de souffrir patiemment des injustices ? Que veulent dire ces flatteurs des cours, quand ils recommandent un respect aveugle pour le gouvernement auquel on est soumis ? Je suppose que les premiers hommes, encore sans expérience, et par conséquent peu éclairés, se méprirent dans l'arrangement de leurs lois et de leur gouvernement ; ils devoient donc se regarder comme irrévocablement assujettis à la première police politique qu'ils avoient établie. Il me semble que ce seroit imposer une loi bien insensée à des êtres que la nature a doués d'une raison lente à se former, sujette à l'erreur, et qui n'a que le secours de l'expérience pour se développer et se conduire avec sagesse. Je demande à ces partisans de tout gouvernement actuel, s'ils refuseront impitoyablement aux Iroquois le droit de réparer leurs sottises et de se policer, quand ils commenceront à rougir de leur barbarie. Si un Américain a droit de réformer le gouvernement de ses compatriotes, pourquoi un Européen n'auroit-il pas aujourd'hui le même privilège, si ses concitoyens croupissent encore dans leur première ignorance, ou qu'après avoir connu les vrais principes de la société, le temps et les passions qui altèrent tout, les leur aient fait oublier ? S'est-on avisé de traiter Lycurgue de brouillon et de séditieux, parce que, sans avoir commission de faire des lois, il réforma le gouvernement de Sparte, et fit de ses compatriotes le peuple le plus vertueux et le plus heureux de la Grèce ?

Cette doctrine, me dit milord, a besoin d'un long et très-long commentaire; mais il est trop tard pour l'entreprendre aujourd'hui. Songeons à rentrer; et demain, puisque vous le voulez, nous recommencerons nos promenades philosophiques.

Marquez-moi, monsieur, ce que vous pensez de la doctrine et des réflexions de milord Stanhope: personne n'est plus capable que vous d'en juger. Que sa manière de procéder dans l'étude du droit naturel et du droit politique, ne m'a-t-elle été connue plutôt ! Qu'elle m'auroit épargné d'erreurs avec lesquelles je suis familiarisé, et dont j'aurai peut-être beaucoup de peine à me débarrasser ! Il me semble que nous allons traiter les matières les plus importantes de la société; et je continuerai à vous rendre compte de nos entretiens, si vous le desirez. Adieu, monsieur: je vous embrasse de tout mon cœur.

A Marly, ce 12 août 1758.

LETTRE SECONDE.

Second Entretien. Le Citoyen a droit, dans tout Etat, d'aspirer au Gouvernement le plus propre à faire le bonheur public. Il est de son devoir de l'établir. Des moyens qu'il doit employer.

SANS attendre votre réponse à ma lettre d'hier, je me hâte, monsieur, de vous écrire; car j'imagine que vous n'avez pas moins d'impatience de connoître la philosophie politique de mon Socrate anglais, que j'ai de plaisir à m'instruire dans ses conversations. Nous nous sommes promenés ce matin dans les *jardins hauts*; et quoique *Charpentier* continue à les négliger, le luxe a encore servi de matière à notre entretien. Que ce luxe est humiliant pour les pauvres qui manquent de tout ! Et par quelle maladie de l'esprit, les hommes, qu'il devroit révolter, en sont-ils presque toujours éblouis ? Qu'il doit être laborieux pour les riches ! Ils ne sont point payés de leurs peines; car la nature n'a point attaché les vrais plaisirs aux besoins artificiels que nous nous sommes faits. Que le luxe doit paroître plat et injuste aux personnes qui savent estimer la véritable grandeur ! Mais malheureusement, et c'est ce qui fâche milord, ce luxe contribue plus que tout le reste, à répandre de fausses idées dans les esprits, il ouvre le cœur à tous les vices, et en les faisant aimer, empêche les peuples de tenter quelques efforts pour se rapprocher des lois de la nature.

Après les réflexions que nous fîmes hier, me dit enfin milord, il me semble que la raison dont la nature nous a doués, la liberté dans laquelle elle nous a créés et, ce desir invincible du bonheur qu'elle a placé dans notre ame, sont trois titres que tout homme peut faire valoir contre le gouvernement injuste sous lequel il vit. Je conclus donc qu'un citoyen n'est ni un conjuré, ni un perturbateur du repos public, s'il propose à ses compatriotes une forme de politique plus sage que celle qu'ils ont adoptée librement, ou que les événemens, les passions et les circonstances ont insensiblement établie. Me passez-vous cette proposition ? Il le faut bien, milord, sous peine d'absurdité. Eh bien ! reprit-il, j'en tire la conséquence incontestable, que s'il étoit possible de prouver qu'il n'y a qu'un seul bon gouvernement, chaque citoyen seroit en droit de faire tous ses efforts pour l'établir.

Je vous passe encore la conséquence, dis-je à milord, et ce n'est pas la peine de contester à votre citoyen un droit dont il ne pourra jamais jouir. Comment l'entendez-vous, me répliqua-t-il en m'interrompant ? Pourquoi jamais ? C'est lui répondis-je, que les politiques ne sont pas à la veille de s'accorder sur cette matière. Laissez-les disputer et raisonner de travers et de mauvaise foi, reprit milord: ils auront beau subtiliser et mettre leur logique aux gages d'un despote ou de quelques magistrats ambitieux; il n'en est pas moins évident que la société n'a été formée que pour ôter aux passions le venin dangereux qu'elles portent, donner du crédit à la raison en affermissant l'empire des lois, et par ce moyen prévenir également la tyrannie et l'anarchie; et composer ainsi un trésor de bonheur public, où chaque citoyen et chaque magistrat puise son bonheur particulier.

Si on avoit disposé un gouvernement de manière que les passions ne fussent réprimées que dans une partie des citoyens, ne saute-t-il pas aux yeux que cette police seroit détestable ? Que résulte-t-il de là ? vingt conséquences, dont voici la dernière, poursuivit milord, que tout gouvernement où les magistratures son héréditaires, ou même seulement à vie, est diamétralement opposé à la fin que doit se proposer la société. Il renferme nécessairement un vice radical qui gâte, infecte et corrompt toutes les institutions particulières, quelque bonnes qu'elles puissent être en elles-mêmes. Faites-vous un tableau des folies et des misères de l'humanité; examinez la marche de nos passions, consultez l'histoire, et concluez ensuite. Je suis certain que vous ne balancerez pas à regarder comme une vérité certaine dans tous les temps et dans tous les pays, que la magistrature, ou l'exercice de la puissance exécutrice, ne doit être conférée que pour un temps limité : cet établissement doit donc être l'objet que doit se proposer tout bon citoyen.

Je ne savois où j'en étois, monsieur; et comme milord s'apperçut de la surprise que me causoit une suite de propositions si peu connues, écoutez-moi jusqu'au bout, me dit-il en me prenant la main; et si j'ai tort, je vous promets de me rétracter sans peine. N'est-il pas vrai, continua-t-il, que les passions, ces ennemies éternelles de l'ordre public, parce qu'elles portent toujours chaque individu à ne voir et à ne sentir que son intérêt particulier, ne seront ni réprimées ni dirigées avec sagesse dans une société, si la loi ne confie pas aux magistrats une force et une puissance auxquelles le citoyen ne puisse résister ? Réfléchissez-y avec attention, et vous verrez que de ce défaut sont nés tous les désordres anarchiques de ces républiques anciennes et modernes, où les citoyens ne sentant pas assez le poids des lois et des magistrats, sont devenus inquiets, et confondant, dans leur indocilité, la liberté avec le caprice des mœurs et la licence de tout faire, ont précipité la chûte de l'état.

Mais si vos magistrats ont ce pouvoir étendu dont je parle, je vous prie de me dire comment vous vous y prendrez à votre tour pour réprimer et régler leurs passions, quand ils posséderont leur magistrature à vie, ou qu'elle sera devenue le patrimoine de leur famille. Par-tout, dans tous les temps, c'est la magistrature héréditaire ou simplement à vie, qui a changé en despotisme et en tyrannie le pouvoir d'abord le plus étroitement limité. Peut-on connoître le cœur humain, et en douter un moment? Entassez précautions sur précautions pour empêcher que votre magistrat éternel n'abuse de sa puissance, et dans peu vous verrez que si les concitoyens ne peuvent lui désobéir, il fera lui-même violence aux lois; elles deviendront les ministres et les instrumens de son avarice, de son ambition, ou de sa vengeance. Les droits que vous lui aurez accordés lui serviront à usurper ceux qu'il ambitionne. On le forcera à manquer de modestie et de modération. Des citoyens bientôt assez imbéciles pour oublier leur dignité, et se croire en effet inférieurs à un homme qui ne peut plus rentrer dans leur classe, échaufferont ses passions par leurs bassesses, leurs complaisances et leurs flatteries.

Qu'avez-vous à m'opposer ? Qu'un état, milord, lui répondis-je, sans fixer un temps limité aux magistratures, peut atteindre au but de la société, c'est-à-dire trouver sa sûreté, et contre les passions des citoyens, et contre celles des magistrats. Il ne s'agit que de partager l'autorité en différentes parties qui s'imposeront et se balanceront réciproquement ; de sorte que les magistrats tout puissans sur les citoyens soient eux-mêmes forcés d'obéir aux lois : telle est, par exemple, votre Angleterre.

Erreur, avec votre permission, me répliqua milord : ne voyez-vous pas que si la puissance publique est partagée entre des magistrats rivaux les uns des autres, son action sera nécessairement ralentie par mille obstacles différens, et que le bien public en souffrira ? D'ailleurs, est-il aussi aisé que vous le pensez à notre nation de se tenir en équilibre avec le roi ? La balance n'est-elle pas perpétuellement inclinée du côté du prince ? N'est-il pas toujours assez puissant pour retenir dans ses mains des prérogatives qu'il nous seroit important de lui arracher ? Ne domine-t-il pas trop souvent dans le parlement ? Quelle en est la cause primitive ? L'hérédité : et un Anglais ne peut douter de ce que je viens de vous dire. Mais il ne suffit point entre deux personnes qui raisonnent, de prononcer le mot d'équilibre, et de le supposer tout établi. Examinons la chose, poursuivit milord. Je conviens qu'il est facile de diviser l'autorité en différentes parties, de sorte qu'il en résulte un vrai équilibre, un vrai balancement entre des magistrats passagers ; mais il est impossible à tous les efforts de l'esprit humain d'empêcher qu'une magistrature perpétuelle n'acquière à la longue et insensiblement un poids prépondérant. Je m'en souviens, vous me menaciez hier de la ruine de notre liberté, et sans doute parce que vous jugiez qu'un magistrat à vie, et sur-tout héréditaire, a trop d'avantages sur des collègues passagers, sans esprit, sans talens, il réussira à les écraser. Mais quand je consentirois qu'une magistrature à vie ne menace pas la république d'un esclavge prochain, vous avoueriez du moins qu'elle l'expose à la vieillesse et au radotage du magistrat. Que d'abus et de sottises vont naître ! Ce qu'on doit faire toute sa vie, on ne cherche, on ne s'étudie qu'à le faire à son aise. L'ame languit, l'émulation est éteinte. Croyez-vous qu'un Consul Romain, qui n'avoit qu'une année pour illustrer sa magistrature, et qui devoit par conséquent aspirer à l'honneur d'obtenir une seconde fois les faisceaux, ne fût pas un meilleur citoyen, un magistrat, plus occupé et plus actif qu'un Sénateur de Suède, qui dès qu'il est revêtu de sa dignité, ne peut plus la perdre que pour quelque faute énorme?

Une magistrature héréditaire est encore bien pire. Naître grand, c'est une raison pour être petit toute sa vie; corrompu dans l'enfance par des flatteries et des mensonges, ivre de plaisirs et des passions dans la jeunesse, on se trouve homme sans avoir appris à penser, et on végète dans sa vieillesse au milieu de son orgueil, de ses préjugés et de ses courtisans. Quelques princes ont eu des talens, mais aucun n'a connu ses devoirs, et n'a été digne de sa fortune; et quand vous pourriez me citer quelque exception, ce ne seroit pas sur trois ou quatre exceptions que vous voudriez établir un systême du bonheur général de la société.

Mais sans raisonner plus longtemps, continua milord, sur la préférence qu'on doit donner à votre principe de la sûreté publique ou au mien, nous en parlerons une autre fois : allons en avant. Nous convenons tous les deux que l'empire absolu du magistrat sur le citoyen, et des lois sur le magistrat, est indispensable pour parvenir à ce bonheur qui est la fin de la société. Tous les anciens l'ont pensé, et le bon sens le crie à tout le monde. Par quels argumens contesteriez-vous donc au citoyen d'un état mal gouverné, où les lois sont flottantes et l'autorité des magistrats accablante ou incertaine, le droit de faire tout ce qui dépend de lui pour conduire et porter ses compatriotes à cette administration que nous desirons ? Rappelez-vous les principes que nous établîmes hier. Vous me paroissez embarrassé ! Convenez franchement de ce droit, ou bien osez dire qu'il est du devoir d'un citoyen qui aime sa patrie, de trahir l'intérêt le plus essentiel de la société.

Vous avez raison, milord, lui dis-je : je me trouve dans un défilé assez fâcheux. Il me semble que vous raisonnez juste. Mais, permettez-moi cette liberté philosophique ; il faut cependant que vous vous trompiez. Je ne démêle pas le défaut que je soupçonne dans votre raisonnement ; et ce n'est qu'ignorance ou mal adresse de ma part. Après tout, ajoutai-je avec une sorte de chaleur et de dépit, le monde est trop sot pour ne pas se gouverner plutôt par routine et par habitude, que par des principes de philosophie. Et voilà, ajouta milord en riant, pourquoi tout va si bien. Peut-être, repris-je, que cette médiocrité est l'attribut nécessaire de l'humanité, peut-être y sommes-nous irrévocablement condamnés. Il y a long-temps qu'on l'a dit, le mieux est l'ennemi du bien; quand tout va passablement, tenons-nous-y. Loin d'affermir l'autorité des lois et des magistrats, c'est en ruiner les fondemens, c'est du moins exposer la société à de dangereuses commotions, que d'accorder à chaque citoyen le droit de faire le rôle de réformateur. Cette théorie vous promet un bien, et la pratique produira un mal. La confiance que les lois et les magistrats doivent inspirer, sera ébranlée dans tous les esprits. Nous rentrerions dans le chaos : je ne puis consentir.....

Vous vous fâchez ! Eh bien ! reprit milord, pour vous appaiser, j'ajouterai simplement qu'il est du devoir d'un citoyen d'user de ce droit : je crois en honneur qu'il ne peut s'en dispenser sans trahison ; et, qui pis est, malgré le grand axiôme que le mieux est l'ennemi du bien, vous serez de mon avis. Courage ! repris-je à mon tour : vous m'allez faire voir, milord, bien du pays : allons, cependant, je suis prêt à vous suivre par-tout.

Si je vous proposois, me dit-il, de former un beau plan de réformation, dans lequel, pour préluder, vous renverseriez la loi salique et tous les trônes du monde; si je vous invitois d'aller ensuite prêcher bravement la liberté au milieu de Paris, de faire des partis dans les provinces, et d'y ramasser des conjurés, que me répondriez-vous ? Milord, lui dis-je, permettez-moi de ne pas vous répondre. Mais encore, insista-t-il, je vous en prie, au moins un mot. Puisque vous le voulez absolument, je vous avouerai, répondis-je, que je prendrois la liberté de ne pas suivre vos héroïques conseils. Pourquoi tenterois-je, avec un danger très-évident pour moi, une entreprise encore plus évidemment inutile à mon pays ? Un héroïsme gigantesque, c'est-à-dire, un peu trop noble, ne paroît qu'un ridicule à nos yeux françois. Avec plus d'amour de la patrie et de la liberté que je ne vous en montre, je passerois ici pour un visionnaire, et vous conviendrez qu'avec une pareille réputation on ne peut guère se promettre un grand succès. La tête a tourné à ce pauvre homme; c'est dommage, diroient mes amis: il paroissoit avoir du sens; il s'est gâté l'esprit à lire l'histoire des Grecs et des Romains qu'il aimoit, et qui ne sont bons qu'à faire des héros de roman ou de théâtre. Nos gens les plus graves de l'état prendroient la chose plus sérieusement; malgré mon bon droit, ils me traiteroient de coupable de lèse-majesté: qu'on le mette par grace aux petites maisons : qu'est-ce que c'est que ces folies? Est-ce que nous ne sommes pas bien, criailleroient toutes les femmes, qui sont, Dieu merci, aussi libres dans leurs galanteries qu'elle peuvent l'être, et qui ne voient rien au-delà?

Vous riez, milord! mais riez tant qu'il vous plaira; je connois les gens avec qui je vis, j'ai sûrement raison, et si je m'avisois d'user du droit que vous me donnez, et dont vous me faites même un devoir, je ne serois pas moins blâmable qu'un architecte qui projetteroit d'élever un édifice solide avec de la boue, des pierres usées et des bois pourris.

Fort bien ! s'écria milord : nous ne verrons donc pas autant de pays que vous l'imaginez ? Car en vérité, je ne serois ni plus brave, ni moins prudent que vous. Si vous viviez même sous quelqu'un de ces gouvernemens d'Orient, où les hommes, familiarisés avec les affronts et la servitude, ignorent qu'il y a des lois, ne connoissent que des ordres, et n'osent ni penser ni agir, je vous dirois qu'il n'est plus temps de songer à rendre la liberté à votre patrie. L'homme ne perd jamais ses droits, mais la raison ne lui ordonne pas toujours de les poursuivre; elle consulte les temps, les circonstances, et ne permet jamais de courir après une chimère. Elle sera plus audacieuse, sans être cependant moins sage dans les nations où il y a encore quelque sève dans les cœurs et dans les esprits. C'est faute de faire ces distinctions, que la plupart des philosophes qui ont écrit sur la société et le citoyen, n'ont donné que des notions si confuses de notre esprit et de nos devoirs, et que tant de réformateurs ont vu échouer leurs projets. Autant vous seriez condamnable en voulant vous servir de votre droit d'une manière indiscrète et propre à révolter les préjugés de vos concitoyens; autant seriez-vous estimable, en agissant avec la retenue, les précautions et les ménagemens que prescrit la connoissance réfléchie du cœur humain. Je l'avoue, il est sage d'espérer quelquefois au-delà de ce qu'approuve une prudence bien exacte; car ce n'est qu'à la dernière extrémité qu'un bon citoyen désespère du salut de la république ; et quelquefois une espérance trop étendue vous fait découvrir en vous-même des ressources que vous ne connoissiez pas : mais il n'appartient qu'au génie de juger de ces circonstances, parce qu'il peut seul les rendre favorables.

Vous rappellerez-vous un certain peuple des Indes qui prenoit pour une fable insensée ce que disoient les Hollandais de leur pays, où il n'y a point de roi ? Que voudriez-vous que Trasybule, que Brutus fissent de cette canaille abrutie ? Un Turc, fait pour trembler devant le moindre cadi, qui, sans règle et sans forme, lui fait donner cent coups de bâton, n'est qu'un automate ; il faut dire presque la même chose d'un Russe. Un Espagnol qui voudroit être citoyen doit agir avec plus de circonspection qu'un Français, parce que sa nation est aussi immobile dans ses préjugés, son ignorance et sa paresse, que la vôtre est active, prompte à s'émouvoir, inconstante, inquiète et avide de nouveautés. Un Anglais, qui a l'avantage d'être encore un homme libre, seroit un traître s'il n'avoit que le courage que j'admirerois dans un Français qui craint la Bastille. Pour un Suédois, à qui il ne manque presque rien pour avoir un gouvernement parfait, ce seroit un lâche s'il n'aimoit pas la liberté en Romain, et ne tendoit, par des soins constans et assidus, à corriger les défauts légers qui défigurent son gouvernement, et qui pourront peut-être le ruiner !

Charmé, comme vous le pensez, monsieur, de me trouver si rapproché de milord Stanhope, je le priai de m'accorder ce long commentaire qu'il me promit hier; de me développer sa doctrine avec moins de brièveté, et d'entrer, en ma faveur, dans des détails propres à me faire connoître par quels principes certains, s'il en est de tels, un citoyen peut sonder les dispositions de ses compatriotes, calculer ses espérances et ses craintes, et juger ainsi de l'étendue de son droit, et sur-tout de la nature de ses devoirs.

Je ne connois, me dit-il, que les pays soumis depuis plusieurs générations aux volontés capricieuses et momentanées d'un despote, dans lesquels il n'arrive et ne peut arriver aucune révolution. L'ignorance est dans les esprits : les plaintes, les murmures sont secrets, les cris des esclaves sont étouffés par la crainte, la plus impérieuse et la plus stupide des passions : chaque homme ne voit donc, ne sent donc que sa foiblesse ou plutôt son néant ; et c'est pourquoi les événemens les plus importans, tels que des guerres malheureuses, la déposition du prince, les meurtres de ses visirs, la révolte des soldats, qui devroient changer la face de la Turquie et donner un nouveau cours aux passions, ne produisent aucun changement au dehors du serrail. Mais dans tout état, qui n'étant pas encore arrivé à ce terme immuable de calamité, soupçonne qu'il peut y avoir des lois parmi les hommes, et qu'il est plus avantageux d'y obéir, qu'aux caprices d'un maître; la puissance souveraine, qu'il est permis de considérer sans frissonner de crainte, est exposée à recevoir des secousses, fruit des passions du citoyen, des magistrats ou des monarques, et des mesures plus ou moins efficaces que le gouvernement a prises pour perpétuer et affermir son autorité.

Quoique le corps de la nation ne soit pas lui-même son propre législateur, il lui reste encore une sorte de considération qu'il doit à sa fierté et qui le fait craindre et respecter. En un mot, tant que la puissance souveraine tend à faire de nouveaux progrès, elle peut trouver des obstacles; elle peut être retardée dans sa marche, elle peut par conséquent être ébranlée et déplacée. Je crois alors les révolutions encore possibles : un bon citoyen doit donc espérer, et il est obligé, suivant son état, son pouvoir et ses talens, de travailler à rendre ces révolutions utiles à sa patrie.

Un peuple souverain, qui fait lui-même les lois auxquelles il se soumet, obéiroit bientôt à un monarque absolu, ou à quelques familles privilégiées, s'il cessoit d'affermir continuellement sa liberté, et de réparer les torts insensibles qu'on fait à sa constitution ; car les magistrats établis pour veiller à l'exécution des lois, ont un avantage considérable sur les simples citoyens, souvent distraits de la chose publique, et qui doivent obéir. Ne doutez donc pas, à plus forte raison, que si les sujets d'une monarchie, telle, par exemple que la France, sont assez inconsidérés pour s'abandonner sans précaution au cours des événemens et des passions, le despotisme de jour en jour plus libre dans ses entreprises ne fasse des progrès continuels. Un de nos Anglois, ajouta milord, a fort bien dit que si la peste avoit des charges, des dignités, des honneurs, des bénéfices et des pensions à distribuer, elle auroit bientôt des théologiens et des jurisconsultes qui soutiendroient qu'elle est de droit divin, et que c'est un péché de s'opposer à ses ravages. Faites encore attention, je vous prie, que les passions les plus favorables au succès du despotisme, telles que la crainte, la paresse, l'avarice, la prodigalité, l'amour des dignités et du luxe, sont aussi communes, que le courage de l'ame, la modestie dans les mœurs, le goût de la frugalité et du travail, et l'amour du bien public, sont rares.

Tandis qu'un peuple libre ne s'occupe pas assez du danger qui le menace, et s'endort quelquefois avec trop de sécurité; tandis que les grands d'une monarchie courent au-devant de la servitude, et que de petits bourgeois orgueilleux croient augmenter leur état en imitant le langage et la bassesse des courtisans; il est donc du devoir des honnêtes gens de faire sentinelle, et de venir au secours de la liberté, si elle est sourdement attaquée, ou d'élever des barrières contre le despotisme. Commençons par ne pas croire que ce qu'on fait doive être la règle de ce qu'il faut faire, et que votre gouvernement est très-sage dans ses principes, mais qu'il ne s'agit que d'en corriger les abus. C'est là une des erreurs les plus générales et des plus dangereuses pour la société. Elle a été un obstacle éternel aux progrès de presque tous les gouvernemens ; c'est vouloir, sur un plan bizarre élever un édifice régulier. Les hommes en vérité sont trop stupides ! Voulez-vous arrêter le cours du mal ? remontez à la source qui le produit. Voulez-vous dessécher ce bassin ? commencez par détourner les eaux qui s'y rendent. Ce qu'imaginent les paysans les plus grossiers, nos politiques les plus habiles n'ont pas l'esprit de le penser. Pour réprimer des abus qui découlent nécessairement de tel ou de tel gouvernement, ils se contenteront de porter une loi qui les défende.

Ne croupissons pas dans une monstrueuse ignorance. Que les gens de bien travaillent à dissiper ces préjugés, qui, comme autant de chaînes, nous attachent au joug. Tâchons de faire connoître aux derniers des hommes leur dignité. Que l'étude des lois naturelles ne soit pas méprisée. Eclairons-nous. Des citoyens instruits de leurs droits et de leurs devoirs, imposeront à un gouvernement qui s'est rendu déja assez puissant pour violer les lois, ou ne souffrir qu'avec peine les plus légères contradictions. Si le public estime et considère les patriotes, les magistrats d'une république seront eux-mêmes de zélés protecteurs de la liberté; il se formera parmi eux des tribuns. Au milieu même des agitations que peut encore éprouver une monarchie, des sujets, amis de l'autorité des lois, gagneront du terrein, si la nation est éclairée ; au-lieu que le despotisme profitera toujours des révolutions pour appesantir le joug sur des sots et des ignorans.

Mais il faut tendre à la liberté par des routes différentes, suivant la différence de ses forces et de ses moyens, de ses ressources, et de la distance d'où l'on part. Si je veux aller d'ici à Paris, me dit milord, je ne tenterai pas d'y sauter à pieds joints ; j'irai pas à pas ; je passerai à la chaussée ; de là gagnant la montagne de Chantecot et le pont de Neuilly, j'arriverai enfin sans danger et sans fatigue à Paris. Nos ames, quoique spirituelles, sont aussi lentes et aussi lourdes que nos corps : une course trop longue ou trop rapide fatigue nos organes physiques ; et si mon ame s'éloigne trop subitement des pensées où elle reposoit par habitude, elle revient, pour ainsi dire, sur ses pas, parce qu'elle se trouve mal à son aise, et dans des régions inconnues. Il faut étudier et connoître la marche de l'esprit humain et le jeu des passions, pour ne leur rien proposer d'impraticable. Nous autres Anglois, par exemple, nous avons jusqu'à présent des idées trop peu nettes sur la puissance royale ; et sous le nom de *prérogative*, nous laissons au prince une autorité trop étendue, pour pouvoir en un jour élever une république parfaite sur les ruines de la royauté ; nous ne sommes pas dignes de nous gouverner comme les Romains. Vous autres François, vous êtes encore plus loin que nous de ce terme, et pour cheminer sûrement, vous ne devez d'abord aspirer qu'à cette sorte de liberté dont nous jouissons, c'est-à-dire, à voir rétablir l'assemblée de vos anciens états-généraux.

Je sais, continua milord, que Cromwel ne se souleva contre le despotisme qu'affectoit Charles I, que par ambition et par fanatisme : c'est un tyran qui a puni un tyran. Mais en supposant qu'ami de la nation, et toujours soumis au parlement, dont il étoit général, l'amour du bien public et de la liberté ont été l'ame de ses projets, je le blâmerois encore d'avoir voulu détruire la royauté: c'étoit brusquer les mœurs publiques et effaroucher les esprits. Il falloit se borner à ôter à la prérogative royale les droits trop étendus et équivoques qui la rendent si dangereuse; nos Républicains auroient alors été secondés par le vœu du public. Ils eurent tort de vouloir franchir un trop long intervalle : ils se trouvèrent trop en avant ; la nation, qui ne pût les suivre, les perdit bientôt de vue ; et après la mort de Cromwel, elle donna plus de pouvoir à Charles II que son père n'en avoit voulu usurper. En chassant depuis Jacques II, nous sommes tombés dans un excès opposé. Je ne sais quelle folle circonspection nous a empêchés de connoître nos forces, et nous n'avons pas eu l'esprit de faire un pas en avant pour notre bonheur.

Nous avons attaqué en étourdis la personne du roi, au lieu de ne nous en prendre qu'aux vices de notre royauté. Contens de satisfaire notre haine contre Jacques, de jouir puérilement du spectacle d'un roi chassé, proscrit et errant, nous avons laissé tout subsister sur l'ancien pied ; c'est-à-dire, qu'à l'ordre près de la succession, nous avons conservé précieusement ce même gouvernement contre lequel nous étions obligés de nous soulever, et contre lequel nous nous serions peut-être soulevés sans succès, si par hazard l'ambition du prince d'Orange ne nous eût secondés.

Nous pouvions affermir solidement notre liberté, car l'esprit de la nation y étoit plus disposé qu'avant Cromwel ; et par la disgrace des Stuarts, nous n'avons fait que remettre aux Hanovriens le pouvoir que nous redoutions, et les avertir de nous assujettir désormais avec plus d'adresse. Malgré l'esprit de philosophie dont nous nous piquons, nous sommes encore entêtés, graces à nos écrivains, d'une foule de misères dont nous serons peut-être un jour les victimes. Si nous ne nous mettons pas dans l'esprit que cette *grande charte* du roi Jean, à laquelle nous revenons toujours par habitude, fut excellente autre fois pour nous rendre libres, mais qu'il faut aller au-delà pour affermir aujourd'hui notre liberté; si nous continuons d'ignorer qu'il faut ôter peu à peu au roi le maniement et la disposition des finances ou des impôts qu'on accorde aux besoins de l'état, le pouvoir de corrompre en disposant des hommes et des charges, le droit de faire la guerre ou la paix, qui le rend trop puissant sur les milices, et la faculté d'assembler, de séparer ou de dissoudre le parlement, et de concourir à la formation des lois par son consentement à nos bills, ce qui le met à portée de les violer, ou d'en éluder la force; si nous négligeons ces réformes indispensables, nous n'aurons jamais que des révolutions infructueuses; nous pourrons renvoyer en Allemagne la maison de Hanovre, et peupler l'Europe de nos prétendans, mais ce sera toujours à recommencer, et nous finirons peut-être par être dupes de quelques princes adroits et ambitieux.

S'il en faut croire milord, quelque désespérée que paroisse être notre situation, nous en tirerons bien meilleur parti, monsieur, que les Anglois ne font de leur liberté. Nous sentons à merveille que nous avons un maître; nous l'éprouvons tous les jours : nous parlons de la liberté françoise, et nous ne voulons pas être esclaves; comme s'il y avoit pour un peuple une autre manière d'être libre que d'être son propre législateur, et de contraindre, par de sages dispositions, le magistrat à n'être que l'organe et le ministre fidèle des lois; comme si le despotisme ne commençoit pas nécessairement où finit la liberté! Nous avons imaginé, contre la nature des choses et pour notre consolation, une monarchie chimérique, une espèce

pèce d'être de raison, qui, selon nous, tient le milieu entre le gouvernement libre et le pouvoir arbitraire. Nous disons que le prince est souverain législateur; et c'est le reconnoître pour notre maître : mais en ajoutant qu'il est obligé de gouverner conformément aux lois, nous nous flattons de n'obéir en effet qu'aux lois; et nous croyons avoir mis une barrière impénétrable entre le despotisme et nous : tout cela, dans le fond, est fort ridicule. Il est absurde de se reposer sur une phrase, de tout ce qu'on a de plus précieux. Cette belle phrase, dont aucun corps puissant ne se croit en droit de défendre le sens énigmatique, autrement que par des supplications et des remontrances, n'arrêtera pas un prince jaloux de son autorité, ambitieux, opiniâtre ou farouche, qui voudra obstinément gouverner à sa tête. Toute fausse qu'est notre doctrine, milord la regarde comme une preuve de notre éloignement, ou de notre horreur contre le despotisme ; il n'en augure pas mal. Nous aimons mieux, dit-il, être de mauvais raisonneurs, et nous contenter d'un galimatias, que d'avouer que nous sommes esclaves. Cette erreur, et l'espèce de courage qu'elle nous donne, peuvent, dans des circonstances heureuses, servir de prétextes aux bons citoyens pour avancer et faire goûter des vérités favorables au bien public.

Dans vos dernières disputes, excitées, m'a dit milord, par le fanatisme de quelques-uns de vos évêques, qui, par parenthèse, sont aussi méchans, mais plus ignorans que les nôtres, il me semble que vos gens de loi ont montré autant de sagesse que de courage, sans remonter aux grands principes du droit naturel, qu'ils n'ignorent pas, sans doute, mais que le corps entier de la nation n'étoit pas encore capable de comprendre et de goûter ; ils n'ont pas dit au roi : *Qui êtes-vous ? La nation vous a fait ce que vous êtes ; Hugues Capet, dont vous tirez votre droit, étoit sujet comme nous ; elle l'a reconnu pour roi ; et si vous l'ignorez, elle peut faire éprouver à votre maison le sort qu'a éprouvé celle de Charlemagne. La France ne vous appartient pas : c'est vous qui lui appartenez ; vous êtes son homme, son procureur, son intendant. C'est par surprise, par adresse et par ambition, que vos pères se sont emparés de la puissance législative. Une usurpation heureuse est-elle donc un titre si respectable, si saint, si divin, que vos peuples ne puissent plus réclamer les lois éternelles, invariables et imprescriptibles de la nature, quand vous ne voudrez plus reconnoître d'autre règle de vos actions que votre bon plaisir?* Ils ont soutenu simplement qu'il y a chez vous des lois fondamentales auxquelles le prince est obligé d'obéir. Voulant, pour ainsi dire, tâter la disposition des esprits, et voir jusqu'où ils pouvoient aller, ils ont balbutié, le plus obscurément qu'ils ont pu, quelques mots contre les lettres-de-cachet; ils ont prononcé le nom de liberté naturelle des sujets; ils ont avancé que l'enregistrement libre des lois, est une partie essentielle intégrante de la législation. Voilà des germes qui se développent; ils produisent des fruits: voilà une lueur, foible à la vérité; mais c'est peut-être l'aurore d'un beau jour.

J'aime trop le parlement, monsieur, et j'étois trop profondément occupé des idées de milord Stanhope pour l'interrompre, et lui dire qu'il faisoit trop d'honneur à nos gens de robe, qui sans doute savent bien des choses, mais qui ignorent, on ne peut pas plus, les principes les plus communs du droit naturel. Je vous l'avouerai cependant : quelque raisonnable que me parût la doctrine de milord, je n'étois encore qu'ébranlé, je ne goûtois pas cette tranquillité que donne la conviction. Tous mes docteurs, tous mes jurisconsultes me revenoient dans la tête; et m'armant enfin, comme je pus, de leurs argumens, je proposai quelques difficultés à milord. Mais ce griffonnage est déjà trop long, et le courier va partir. Je vous rendrai compte dans ma première lettre de la suite de notre entretien. Adieu, monsieur : je vous embrasse de tout mon cœur.

A Marly, ce 13 août 1758.

LETTRE TROISIÈME.

Suite du second Entretien. Objections proposées à milord Stanhope. Ses Réponses.

Vous attendez, monsieur, la suite de mon second entretien avec milord Stanhope : la voici : J'ai quelque honte, dis-je à mon philosophe, de ne pas m'avouer vaincu par la force de vos raisonnemens ; mais d'anciens préjugés ne délogent point d'une tête en un jour, sur-tout quand ils ont pris un air de systême. Je tiens par l'habitude aux miens, et je sens quelque scrupule à les abandonner. J'ai envie, milord, d'entrer en négociation, et de vous proposer un accommodement : à l'exemple de ces anciens philosophes, qui ne révéloient leur doctrine secrète qu'à des initiés don ils avoient long-temps éprouvé la sagesse et la discrétion, cachons nos principes à la multitude, et n'accordons qu'aux sages le droit de réformer le gouvernement.

Voilà un article préliminaire auquel je ne puis consentir, me répondit froidement milord ; car la vérité ne sauroit être trop connue, trop répandue, trop triviale. D'accord, repris-je, pour certaines vérités dont les hommes ne peuvent abuser ; mais craignez, milord, qu'en voulant éclairer la raison sur ses droits, vous ne fournissiez un nouvel aliment aux passions, qui en deviendront plus inquiètes, plus impétueuses, plus intraitables. Permettez-moi de vous ramener aux principes que vous établissiez hier sur la sottise et la méchanceté des hommes ; leur raison est foible, leurs passions plus fortes la subjuguent et la tyrannisent presque toujours : nous voyons le bien froidement, et il faut employer de l'art pour nous le faire aimer. Si c'étoit tout le contraire, ou du moins si les hommes n'étoient pas entraînés au mal par un penchant plus fort que vers le bien, il n'y auroit aucun inconvénient attaché à votre doctrine ; on suivroit vos préceptes avec les modifications et la prudence que vous exigez. Mais si ces préceptes salutaires se trouvoient répandus dans la multitude, croyez que la plupart des esprits sont peu faits pour les comprendre dans toute leur étendue, et que votre politique serviroit de prétexte pour les porter à la mutinerie : le plus petit frondeur deviendra d'autant plus dangereux, que ses passions emprunteront le langage de la raison et du devoir. On n'est déjà que trop porté à trouver les ministres étourdis, injustes ou ignorans. Sans rien établir d'utile, on se dégoûtera de ce que nous avons; et ce que nous avons, après tout, vaut encore mieux que l'anarchie. Je vous l'ai déjà dit, et je prends la liberté de vous le dire encore : le peuple deviendra insolent et indocile en sortant de son ignorance crasse, pour prendre des demi-connoissances. Si nos grands seigneurs sont tant que de se dégoûter d'être valets, ils voudront redevenir des tyrans. On ne verra de toutes parts que des commotions funestes au bien public. Je tiens terriblement à cette objection-là : de bonne-foi, milord, que vous en coûteroit-il pour restreindre votre droit de réformation aux seuls philosophes?

Ce qu'il m'en coûteroit? me repartit milord : une erreur assez considérable. A votre avis, est-ce que pour n'être pas philosophe, un homme en est moins citoyen ; et doit-il végéter au milieu de ses préjugés ? Plus il est éloigné de trouver la vérité par lui-même, plus il faut se hâter de la lui offrir. Le bien de la société n'est-il pas commun aux philosophes et à ceux qui ne le sont pas ? Pourquoi leur droit ne seroit-il donc pas égal ? Il y a dans nos états modernes une foule d'hommes qui sont sans fortune, et qui, ne subsistant que par leur industrie, n'appartiennent en quelque sorte à aucune société : ce que je puis faire pour votre service, continua milord en souriant, c'est que ce droit, si effrayant de réformer, ne devienne pas un devoir pour ces espèces d'esclaves du public, que leur ignorance, leur éducation et leurs occupations serviles condamnent à n'avoir aucune volonté. Joignez à ces personnes toutes celles que la foiblesse de leur esprit force à n'agir que par routine. Mais si je suis indulgent pour les sots ou pour ce qu'on appelle la lie du peuple, je suis sévère pour les gens qui pensent et qui doivent penser : voilà mon dernier mot.

Examinons pied-à-pied votre objection, reprit milord. Si je consentois au traité que vous me proposez, ma doctrine seroit inutile entre les mains des philosophes, gens ordinairement assez obscurs, fort paresseux, et occupés d'eux seuls ou de quelques spéculations plus curieuses qu'utiles; mais en les supposant dans des places importantes, et pleins d'amour pour le bien public, convenez que s'il nous avoit été défendu de révéler nos mystères, et de répandre l'instruction, ces philosophes, princes, ou ministres, ne trouveroient jamais les esprits préparés à seconder leurs vues de réforme.

Une nation ne se corrigera jamais de ses vices, sans desirer avec ardeur un changement; et elle ne peut souhaiter un changement, qu'autant que ses lumières la mettent à portée de connoître ce qui lui manque, et de comparer sa situation présente à une autre situation plus avantageuse. Si elle ne connoît pas les vérités les plus importantes de la société, son objet, sa fin, et les moyens, en un mot, les plus capables d'assurer le bien public, et de faire fleurir l'état, elle fera au hasard des changemens qui, sans la rendre moins malheureuse, ne feront que changer la nature de ses maux; elle s'accoutumera à croupir dans sa misère, et faute de savoir prendre un parti, deviendra enfin incapable de se corriger. Un peuple ignorant éprouvera en vain les événemens les plus favorables : il ne sait profiter de rien. Au milieu des mouvemens nécessaires pour faire des révolutions et produire le bien, il obéit à la fortune au-lieu de la diriger, et il ne sera que las, ennuyé et fatigué ; il est sans vœux, sans projet, sans idées du mal, du bien, du mieux ; et le poids de l'habitude le ramènera au même point où il étoit auparavant.

On veut que le peuple soit ignorant ; mais remarquez, je vous prie, qu'on n'a cette fantaisie que dans le pays où l'on craint la liberté. L'ignorance est commode pour les gens en place ; ils dupent et oppriment avec moins de peine. On appelle le peuple insolent, parce qu'il n'a pas toujours la complaisance de souffrir que les grands le soient. Il est indocile et on veut le punir, parce qu'il refuse d'être une bête de somme. Pour prévenir, je ne sais quelles prétendues commotions, qui ne sont dangereuses que quand on n'a pas l'esprit d'en tirer parti, est-il sage de s'exposer aux injustices d'un gouvernement qui se croira tout permis, lorsqu'il aura lieu d'espérer une entière impunité ? Je crois, en effet, que si les citoyens sont bien sots, bien stupides, bien ignorans, ils vivront dans le repos; mais quel cas, vous et moi, devons-nous faire de ce repos ? Il ressemble à cet engourdissement qui lie les facultés d'un paralytique : votre citoyen, vil mercenaire, servira l'état comme votre laquais vous sert; il obéira, parce que la patience et la continuité de sa misère l'auront abruti; mais est-ce cet engourdissement, cette patience imbécille, et ce malheureux repos, semblable à la mort, que les hommes se sont proposés en se réunissant ? Est-ce là ce qui fait le bonheur et la force de la société ?

Voulez-vous que de froides momies deviennent de bons citoyens?

Vous autres Français, poursuivit milord, vous vous croyez perdus, quand tous vos jours ne se ressemblent pas. Vous n'arrivez jamais à Londres, sans croire avoir essuyé une tempête dans la traversée de Calais à Douvres : c'est que vous n'avez pas le pied marin. De même vous ne voyez jamais chez vous la moindre agitation, le moindre murmure, sans imaginer que vous êtes à la veille de vous égorger dans une guerre civile : c'est que, occupés sérieusement de vos goûts frivoles, vous ne savez pas le premier mot de ce qui fait le véritable bien de la société. J'ai ouï dire que dans les derniers différends de votre clergé avec le parlement, vous vous croyiez dans l'anarchie la plus monstrueuse, parce que de misérables colporteurs crioient à la fois, dans les rues, des arrêts opposés du parlement et du conseil; vous vous estimiez très-malheureux; et moi, je disois : que Dieu bénisse ce commencement de prospérité; l'esprit des Français commence à s'éclairer; de petites divisions sont nécessaires pour remonter leur ame; nous nous piquerons d'honneur en Angleterre, et pour conserver notre supériorité, nous ferons quelque effort pour perfectionner notre gouvernement. Je voyois que nos plus grands politiques étoient déjà inquiets et jaloux des progrès que vous alliez faire.

Un homme habile dans la connoissance du cœur humain, se gardera bien d'aspirer à un repos qui pétrifie les citoyens, et qui détruit nécessairement les lois. Laissons cette sottise à un despote qui ne peut se résoudre à abandonner le pouvoir arbitraire dont il jouit, et qui, ne pouvant cependant se dissimuler les dangers auxquels il est exposé, ne sent que sa foiblesse au milieu de sa grandeur, et craint tout ce qui l'environne. Il faut du mouvement dans le corps politique, ou ce n'est qu'un cadavre. Avec votre grand amour pour l'ordre et le repos, que n'établissez-vous donc pour principe, que les lois ne sont rien devant le roi? Que ne condamnez-vous vos parlemens à se taire? Que ne traitez-vous leurs très-humbles remontrances de libelles séditieux? Vous jouirez alors de cette bienheureuse stupidité qui règne dans les états florissans du grand-seigneur. Craignez les passions; mais que cette crainte ne vous porte pas à vouloir les étouffer : vous iriez contre le vœu de la nature; contentez-vous de les tempérer, de les régler, de les diriger; voilà pourquoi elle nous a donné une raison.

Quels biens les querelles éternelles des patriciens et des plébéiens, n'ont-elles pas produits autrefois dans la république romaine? Si le peuple avoit préféré le repos à tout, il auroit été bientôt esclave de la noblesse, et nous ignorerions aujourd'hui jusqu'au nom des Romains. Leurs divisions, au contraire, portèrent le gouvernement au plus haut degré de perfection; elles excitèrent l'émulation entre les citoyens. Les lois seules régnèrent, les ames devinrent fortes; et voilà ce qui fait la force des états. Aucun talent ne fut perdu; le mérite perçoit, se mettoit à la place qui lui étoit due; et la république pleine de bons citoyens et de grands hommes fut heureuse au-dedans et respectée au-dehors. Après cet exemple vous citerai-je notre Angleterre, qui doit son bonheur à cette fermentation, que vous regardez comme un mal? Intimidés par Henri VIII, et séduits par les talens d'Elizabeth, qui nous accoutumoit et nous façonnoit à la servitude en nous rendant heureux, ne dépendrions-nous pas aujourd'hui d'un Stuard, de sa maîtresse ou de son ministre, si nos pères avoient eu assez peu de sens pour préférer leur repos à la liberté ?

Milord croyoit m'avoir écrasé par ses raisons : je ne l'étois pas cependant. Je conviens, lui dis-je à mon tour, que vous avez retiré de grands avantages de cette fermentation ; votre liberté, et ce patriotisme que nous ne connoissons pas, en sont le fruit : mais aussi quels maux n'a-t-elle pas causés ? Vos partis lui doivent leur naissance ; c'est le propre des partis d'empêcher le bien en étouffant tout esprit de justice, et de tout sacrifier à leur ressentiment et à leur intérêt particulier. Combien de fois pour satisfaire leurs chefs, ne vous ont-ils pas fait prendre des résolutions et des engagemens contraires au bien de la patrie ? Vous verrez, me repartit milord, que chez vous vos ministres divisés, et ennemis les uns des autres, n'ont jamais sacrifié l'état aux succès de leurs petites intrigues ! Qui ne sait pas que, dans un gouvernement arbitraire, le monarque, enseveli sous sa fortune, et qui ne peut avoir de mérite que par une espèce de miracle, est sans cesse tiraillé par des femmes, des dévots, des favoris et des ministres qui se disputent l'avantage de le gouverner ? Les cabales publiques et nationales sont retenues par les regards de la nation qui les observe, et qui s'en fait craindre. Les cabales obscures d'un despote n'emploient, pour réussir, que de petites ruses, de petites coquineries, en un mot, de petits moyens, parce que tout le reste leur est inutile ; et le mal qu'elles font n'est compensé par aucun bien.

Mais vos guerres civiles, repris-je, ne sont-elles pas, milord, un terrible contre-poids à tout le bien que produit votre fermentation ? Un jour de guerre civile.... Je vous arrête, me dit-il avec vivacité ; voilà ce qu'on vous dit en France, pour vous consoler de la perte de votre liberté ; mais rien n'est moins vrai. Remarquez, je vous prie, continua milord, que nous nous écartons de l'objet principal de notre conversation : je prétends que tout citoyen a droit d'aspirer au gouvernement le plus propre à faire le bonheur public, et qu'il est de son devoir de travailler à l'établir par tous les moyens que lui peut fournir la prudence. A cela vous m'opposez nos guerres civiles, comme si elles avoient pris leur source dans cette opinion ; mais point du tout : nous nous sommes égorgés pendant long-temps pour les seuls intérêts de la rose rouge et de la rose blanche, et je ne crois pas qu'on puisse répandre son sang plus mal-à-propos. Les guerres de religion sont survenues, et elles nous auroient perdus, si quelques bons citoyens n'avoient joint au délire des fanatiques quelque sentiment de liberté et de bien public. Si nous avons encore été exposés à nous faire la guerre, c'est que bien loin d'avoir cherché à donner au gouvernement la forme la plus salutaire, nous nous sommes mal habilement opiniâtrés dans le cours de nos révolutions, à laisser au prince d'assez grandes prérogatives pour qu'il puisse quelquefois se flatter de se rendre absolu. C'est parce que nous ne travaillons pas à affermir efficacement notre liberté, que nous nous sommes vus quelquefois obligés de la défendre par l'épée. Il y a long-temps que nous ne serions plus en contradiction avec nous-mêmes, si nos pères, au lieu de ce respect bizarre et machinal que nous avons encore pour la prérogative royale, avoient connu la doctrine que je vous prêche. Vous croyez que les Anglois sont toujours à la veille de s'égorger, parce qu'ils veulent réformer leur gouvernement; et c'est précisément parce qu'ils n'y songent pas, que leur liberté, mal affermie, aura peut-être encore besoin du secours des armes, pour se défendre et se soutenir.

Secondement, ... Milord sembla s'interrompre lui-même en me regardant ; secondement, reprit-il, ... mais je n'ose vous dire ce que je pense de la guerre civile ; vous me prendrez pour l'Anglois le plus séditieux et le plus enragé qui fut jamais. Osez, osez, milord, lui répondis-je en plaisantant ; vous m'avez déjà rendu presque digne de vous entendre ; et d'ailleurs, un citoyen qui aime sincèrement le bien des hommes, peut se tromper, mais ne scandalise jamais.

Vous le voulez donc ? Eh bien! me dit-il en s'approchant de mon oreille, la guerre civile est quelquefois un grand bien. Tenez-moi donc parole ; point d'étonnement, ne vous scandalisez pas ; je vais vous développer ma pensée que je vous ai dite par malice trop brusquement et trop crûment. La guerre civile est un mal dans ce sens, quelle est contraire à la sûreté et au bonheur que les hommes se sont proposés en formant des sociétés, et qu'elle fait périr bien des citoyens ; de même que l'amputation d'un bras ou d'une jambe est un mal pour moi, parce qu'elle est contraire à l'organisation de mon corps, et me cause une douleur cuisante. Mais quand j'ai la gangrène à la jambe ou au bras, cette amputation est un bien. Ainsi la guerre civile est un bien, lorsque la société, sans le secours de cette opération, seroit exposée à périr dans la gangrène, et pour parler sans métaphore, courroit risque de mourir du despotisme. Je vous prie, continua milord, de faire une réflexion très-importante sur cette matière. Quand la guerre civile est l'ouvrage de l'anarchie, c'est-à-dire, quand les citoyens, sans mœurs, sans connoissance de leurs droits et de leurs devoirs, méprisent et haïssent autant les lois que les magistrats; qu'on se soulève contre le châtiment, parce qu'on veut être un scélérat sans crainte; que le plus adroit peut tout oser, tout entreprendre, tout exécuter : dans ces circonstances, la guerre civile est un très-grand mal. Ce n'est plus une opération qui puisse rendre la santé. La gangrène a déjà infecté toute la masse du sang; la mort est déjà répandue dans chaque membre du corps; ce seroit tourmenter, sans espérance de succès, un agonisant qui ne veut qu'expirer sans douleur et sans convulsions.

Il n'en est pas de même des guerres civiles qu'allument l'amour de la patrie, le respect pour les lois, et la défense légitime des droits, de la liberté d'une nation. Les guerres de César, de Pompée, d'Octave et d'Antoine, étoient une sottise; quel que fût le vainqueur, un maître devoit se mettre à la place des lois qui ne subsistoient plus. Tous ces citoyens ambitieux, et leurs complices, qui parurent alors à la tête des affaires, se seroient mutuellement exterminés; il seroit né d'autres tyrans de leurs cendres. Mais, regardez-vous du même œil la guerre que soutinrent les Provinces-Unies, pour se soustraire à la domination de Philippe

II ? Le remède étoit dur, j'en conviens : mais il m'est salutaire, mais il m'est nécessaire, de me couper un bras ou une jambe, pour me sauver la vie. Je crois, ajouta milord, que vous ne persuaderiez pas aisément aux Hollandois que leurs pères, à jamais célèbres par leur courage, leur constance et leurs travaux, ont eu le plus grand tort du monde d'acheter aux dépens des dangers et des maux inséparables de la guerre civile, la liberté dont ils jouissent aujourd'hui. Vous autres Français, je vous en demande pardon, vous mourriez dans ce moment dans l'opération de la guerre civile : il faudroit vous y préparer par un long régime, prendre des cordiaux, des potions d'ellébore, fortifier en un mot votre tempérament. Parlons sans figure et sans détours : vous ignorez trop parfaitement les principes d'un bon gouvernement, vos droits et vos devoirs de citoyens ; vous êtes trop peu instruits de ce que vous devez espérer et de ce que vous devez craindre, pour que la guerre civile ne fût pas, pour vous, le plus grand des maux. A l'égard de nous autres Anglois, si on a l'adresse et la patience de nous corrompre encore paisiblement pendant trente ans, de nous faire respecter le prince plus que les lois, et plus estimer le commerce, l'argent et les faveurs de la cour que notre liberté ; nous ne saurons plus faire la guerre civile, peut-être même ne la pourrons-nous plus faire, ou du moins il nous sera impossible d'en tirer quelqu'avantage.

Je dirai quelque chose de plus, ajouta milord : vu la politique des états de l'Europe, qui sépare le soldat du citoyen et les fonctions militaires des fonctions civiles, qui partage, qui prépare des instrumens et des victimes au despotisme, je ne puis que plaindre infiniment une nation qui est réduite à conquérir sa liberté par la voie des armes. Je crains pour elle le sort que nous éprouvâmes après que Charles I eut été vaincu. Notre armée parlementaire devint le tyran du parlement, au nom de qui elle avoit combattu. En triomphant pour la liberté, on est exposé à la tentation dangereuse de devenir un tyran. Une armée victorieuse est portée naturellement à mépriser des bourgeois et des laboureurs désarmés. Pour un prince d'Orange qui se contentera d'être, après ses succès, le premier citoyen d'une république, on trouvera vingt Cromwel, que dis-je, vingt? on en trouvera cent.

Je ne sais, monsieur, quel effet cette doctrine fera sur votre esprit; mais, pour moi, je l'avoue, plus je la médite, plus je vois s'évanouir mes anciens préjugés. Je commence à trouver étrange que les oppresseurs de la société aient eu l'habileté magique de nous persuader qu'il est de notre intérêt de ne pas déranger la marche de leurs usurpations et de leurs injustices ; et que la guerre civile, pour un peuple encore assez vertueux pour pouvoir en profiter, est cependant un plus grand fléau que la tyrannie dont il est menacé. Depuis que je me familiarise avec les idées angloises, ou plutôt avec la sage philosophie de milord Stanhope, je me demande sans cesse si la guerre civile est en effet un mal pire que l'esclavage. Ce n'est point la cruauté d'un Néron ou d'un Caligula qui m'effraie davantage : heureusement de pareils monstres sont rares ; ils ne frappent que les courtisans qui ont la lâcheté ou la témérité de les approcher, et le monde en est bientôt délivré.

Ce qui me consterne, c'est cette

langueur, cet anéantissement, cette stupidité, cette solitude, cette dévastation lente, vaste et perpétuelle, que produit notre despotisme d'Europe, et qui semble anéantir une nation. Une guerre civile causât-elle plus de maux, ces maux sont du moins passagers ; en secouant l'ame, ils lui donnent le courage nécessaire pour les supporter. Je me rappelle ce que dit un écrivain célèbre, que jamais un peuple n'est plus fort, plus respecté ni plus heureux, qu'après les agitations d'une guerre domestique. Les Corses semblent devenir une nation nouvelle depuis que l'amour de la liberté leur a mis les armes à la main. Si on ne devient pas toujours meilleur citoyen au milieu des troubles, les lumières du moins et les talens se multiplient, et les ames acquièrent une certaine fierté. Voyez ce qu'étoit la France après que Henri IV eut triomphé de la ligue. C'est peut-être notre Fronde, dont les héros cependant avoient bien peu de sens, qui rendit à la nation cette activité et cette noblesse que le ministère du cardinal de Richelieu avoit altérées ; qui a fait tout l'éclat du dernier règne, et dont des ministres plus sages que ceux de Louis XIV auroient tiré un parti plus avantageux.

Il entre certainement du préjugé, monsieur, dans la différence qu'il vous plaît d'établir entre la guerre domestique et la guerre étrangère. J'aime à remonter à l'origine de ce préjugé. J'ai assez de confiance en votre amitié pour croire que vous me pardonnerez de mettre ici mes idées à côté de celle de milord Stanhope. Ne penseriez-vous pas que tous les peuples, graces à leur ignorance dans le droit naturel, et à leurs passions, sont naturellement portés à penser comme les premiers Romains, qui ne distinguoient point un étranger ou un voisin d'un ennemi ? Les historiens, les poètes et les orateurs sont partis de ces opinions populaires et peu réfléchies; il nous représentent la guerre étrangère sous l'image de gloire et de conquêtes : tandis qu'ils ne parlent de la guerre civile qu'avec les noms odieux de désordres, d'injustice et de confusion. Voilà nos premiers maîtres dans un âge où la raison qui n'est pas encore formée, reçoit comme des vérités toutes les erreurs qu'on lui présente; et dans la suite on présume qu'ils ont réfléchi à ce qu'ils écrivent, parce qu'ils s'expriment avec agrément; on les croit sur leur parole, et j'en ai été la dupe comme tout le monde.

Dans la vérité, toute espèce de guerre est également pernicieuse à l'humanité; l'étrangère n'est pas moins funeste à la société générale, que la domestique à la société particulière ; et certainement les intérêts des deux sociétés sont égaux aux yeux de Dieu, qui n'a pas créé les hommes pour se haïr et se déchirer, quand ils seroient séparés par une rivière, des montagnes ou un bras de mer. Mais si, par une suite malheureuse de l'empire qu'exercent les passions, la guerre étrangère est quelquefois utile; si le droit naturel la rend même quelquefois nécessaire, car elle est quelquefois le seul moyen qu'ait un état pour repousser une injure, obtenir ce qui lui appartient légitimement, et prévenir sa ruine; je demanderois qu'après avoir calmé son imagination, comme je suis parvenu à calmer la mienne, on me dît pourquoi la guerre civile de même que la guerre étrangère, ne seroit pas quelquefois autorisée par la morale la plus exacte. Un ennemi étranger qui veut subjuguer un peuple, ou qui refuse de réparer les torts qu'il lui a faits, est-il plus coupable qu'un ennemi domestique qui veut l'asservir, ou qui méprise ouvertement les lois ? Tous deux ne commettent-ils pas une injustice ? Si la raison les condamne également, pourquoi permettroit-elle de repousser l'un par la force, et défendroit-elle de résister à l'autre ? Est-il plus avantageux pour une nation de disputer aux dépens du sang de cent mille hommes, une ville en Europe et quelques déserts en Amérique, ou de faire respecter son pavillon sur mer, et ses ambassadeurs dans une cour étrangère, qu'il ne lui importe d'avoir un gouvernement sous lequel le citoyen jouisse avec sécurité de sa fortune, et ne craigne rien quand il n'a pas violé les lois ?

Un citoyen vertueux peut faire avec justice la guerre civile, puisqu'il peut y avoir des tyrans, c'est-à-dire des magistrats qui prétendent exercer une autorité qui ne peut et ne doit appartenir qu'aux lois, et en même temps assez forte pour opprimer leurs sujets. Regarder toujours la guerre civile comme une injustice ; inviter les citoyens à ne jamais opposer la force à la violence, c'est la doctrine la plus contraire aux bonnes mœurs et au bien public. Convenez, Monsieur, que les gens qui sont chargés parmi nous de nous enseigner les règles de nos devoirs, ont des vues bien courtes et bien misérables ; ils ne s'apperçoivent pas, ou, pour flatter les puissances, ils ne veulent pas s'apercevoir que condamner les sujets à une patience éternelle et inaltérable, c'est porter les princes à la tyrannie, et leur en applanir le chemin. Si un peuple ne se croyoit point en droit de se défendre contre des étrangers qui l'attaqueroient, il seroit certainement

ment subjugué. Une nation qui ne veut jamais résister à ses ennemis domestiques, doit donc être nécessairement opprimée; or, je voudrois que nos théologiens m'expliquassent pourquoi Dieu prend sous sa protection les ennemis domestiques des nations, et livre les ennemis étrangers à notre ressentiment. Si le droit de la force n'est pas le plus sacré des droits, s'il subsiste parmi les hommes quelque principe de raison et de morale, la justice permet donc de recourir aux armes pour résister à un oppresseur qui viole les lois, ou qui en abuse avec adresse pour usurper un pouvoir arbitraire.

Vous le voyez, monsieur, milord Stanhope ne sème pas dans une terre ingrate, et je crois qu'il sera assez content de mes progrès, pour me donner une place honorable entre ses disciples. Milord, lui dis-je, après qu'il m'eut expliqué sa doctrine sur la guerre civile, vous parviendrez enfin à me faire croire tout ce qu'il vous plaira. C'est que vous raisonnez, me répondit-il en plaisantant, et que je vous parle raison. Vous voulez me séduire, repartis-je, et je me tiendrai sur mes gardes. Mais vous n'en êtes pas quitte ; mes préjugés vous tailleront de la besogne : à vous parler franchement, je ne me sens pas encore à mon aise dans ma nouvelle manière de penser ; j'ai quelques doutes à vous proposer, quelques éclaircissemens à vous demander au sujet de votre droit de réformation.

Je comprends à merveille, continuai-je, tout ce qu'un peuple libre peut et doit même faire pour défendre, recouvrer et affermir sa liberté. Je ne suis point en peine du corps germanique, puisqu'il peut juridiquement déposer un empereur, ou l'accabler par la force, s'il veut étendre ses prérogatives au-delà des bornes que lui prescrit sa capitulation : la Suède a ses lois fondamentales auxquelles le roi n'est pas moins soumis que le moindre des citoyens ; et en effet, il seroit absurde, du moins inutile, que les Suédois eussent une loi pour le prince, et qu'il pût la violer impunément. Votre Angleterre a sa grande Charte, et quelque chose de plus précieux encore, les actes que votre parlement a faits dans la dernière révolution ; cela ne souffre point de difficulté. Grotius et Puffendorf, quelque favorables qu'ils soient au pouvoir arbitraire, reconnoissent cependant que tout peuple qui s'est donné à certaines conditions, est maître de contraindre, les armes à la main, le prince à les observer. Je conçois même très-bien que tout peuple qui n'a pas fait un pacte formel pour se donner sans réserve, a droit de faire tous ses efforts pour substituer des lois salutaires aux coutumes barbares qui l'oppriment.

Mais il y a des Danois dans le monde, qui ont bien voulu se reposer de leur bonheur sur le bon plaisir de leur roi. On est libre, sans doute de céder le droit dont on jouit; pourquoi donc une nation à qui appartient essentiellement la puissance législative, ne pourroit-elle pas la conférer à son prince avec la puissance exécutrice? Après avoir fait l'abandon le plus complet de sa liberté, il me semble que l'avantage qu'elle trouveroit à la recouvrer n'est point un motif suffisant pour justifier son entreprise. Si les conventions les plus libres, les plus formelles, les plus authentiques ne lient pas un peuple invinciblement, il n'y a plus de règles ni de justice chez les hommes; et dès-lors que devient la société? Mais si on est obligé d'y obéir religieusement, que deviendront les pauvres Danois ? Je vois ici toutes les lois de la morale et de la politique opposées les unes aux autres ; et ce conflit m'embarrasse.

Voyons, me répondit milord, peut-être y a-t-il quelques droits qu'on n'est pas le maître d'abandonner ; par exemple, ceux qui appartiennent tellement à l'essence de l'homme et de la société, qu'il est impossible de s'en séparer sérieusement : les législateurs, les plus ignorans même, ont reconnu qu'il y en a de tels. Jamais loi n'a été assez impertinente pour ordonner au coupable d'oublier le soin de sa conservation, et de venir lui-même demander au juge le supplice qu'il a mérité. Tous les moralistes conviennent que dans les occasions où le magistrat ne peut venir à mon secours, je suis armé de tout son pouvoir pour punir un brigand qui m'attaque. Si, dans un besoin extrême où la faim me poursuit, je vole pour me nourrir, la loi se taît devant moi; je ne suis point un voleur. Tout cela est juste, parce que la loi politique ne doit jamais être contraire à la loi de la nature; et que l'homme n'étant entré en société que pour assurer ses jours contre la violence et le besoin, il seroit absurde qu'il se trouvât à-la-fois privé des secours qu'il est en droit d'attendre de ses concitoyens, et de ceux qu'il peut trouver en lui-même : ce seroit rendre la condition de la société pire que l'état qui l'a précédée.

Si un peuple disoit à son monarque : *Nous nous engageons par serment à ne respirer, ne boire et ne manger que par vos ordres et avec votre permission*; que penseriez-vous de la validité d'un pareil contrat? Mais supposons, poursuivit milord, sans attendre ma réponse, que ce peuple tînt cet autre langage : *Nous nous soumettons, grand, auguste et sage monarque, à toutes vos volontés, et vous conférons, librement, et parce que nous le voulons, toute la puissance que la nation entière possède ; toutes les lois vous obéiront désormais ; vous êtes le maître de les interpréter, de les abroger, d'y ajouter et d'y déroger selon votre bon plaisir, certaine science et pleine puissance ; ôtez, donnez, reprenez, redonnez les emplois à votre fantaisie ; disposez arbitrairement des forces du royaume ; faites la guerre ou la paix ; levez des tributs comme il vous plaira ; tout pouvoir est en vous, nul pouvoir n'est hors de vous.*

Voilà, si je ne me trompe, une concession assez ample ; mais quand le despote ignorant ne saura ce qu'il doit faire, ou que, commençant à gouverner selon l'intérêt de ses passions, il retirera ses esclaves de leur engouement ou de leur ivresse, croyez-vous, s'il leur reste quelque moyen de sortir de l'abîme où ils se sont précipités, que leur raison doive leur dire qu'ils sont irrévocablement condamnés à n'avoir plus le droit d'aspirer à être heureux ? Devant quel tribunal suffira-t-il de deux ou trois mauvaises phrases pour détruire la vérité et la justice, renverser tous les droits de la nature, et bouleverser toutes les notions de la société ? Non, non, c'est un acte de raison, et non pas un acte de folie, qui peut lier un être raisonnable !

C'est un acte de folie que celui par lequel on ne prendroit aucune sûreté contre les passions ou la sottise d'un prince. C'est un acte de folie, que celui par lequel des hommes, en formant une société, dérogeroient précisément à la fin essentielle de la société, qui est de conserver leur vie, leur liberté, leur repos et leur bien. Le magistrat civil, dans tous les pays policés, annulle les contrats passés dans un accès de démence; il casse les conventions injustes et scandaleuses que deux citoyens ont faites entr'eux : et la raison, suprême magistrat des peuples et des princes, défend d'obéir aux pactes ridicules qui blessent la sainteté de ses lois.

Un pareil acte est nécessairement illusoire, parce qu'il est évidemment déraisonnable : pour lui donner quelque sorte de validité, il faut lui donner quelque sorte de raison; il faut supposer qu'il renferme quelque clause tacite, présumée et sous-entendue; et cette clause, c'est sans doute que le prince usera de son pouvoir pour travailler au bonheur de ses sujets. Ne croyez pas que ce soit-là une pure supposition de ma part, une subtilité de jurisconsulte; c'est une vérité constante, puisque dans aucune occasion, dans aucune circonstance, dans aucun temps, dans aucun instant, les sujets n'ont pu se séparer du desir d'être heureux : leur contrat est donc conditionnel, quoique la condition ne soit pas exprimée, et dès-lors ils ne sont obligés d'y obéir qu'autant que le prince de son côté y est religieusement attaché.

Milord va encore plus loin, monsieur; et quand l'acte constitutif du gouvernement seroit aussi sage qu'il peut l'être, la nation n'en seroit pas moins en droit de reprendre l'autorité qu'elle auroit confiée à ses magistrats, et d'en faire le partage suivant un nouveau plan et de nouvelles proportions. Elle pourroit peut-être manquer de prudence, en dérangeant un ordre dont elle se trouve bien; mais elle ne pécheroit pas contre la justice. La preuve en est simple et claire.

Le vrai caractère de la souveraineté, son attribut essentiel, ainsi que l'ont démontré cent fois tous les jurisconsultes, c'est l'indépendance absolue, ou la faculté de changer ses lois, suivant la différence des conjonctures et les différens besoins de l'état. Il seroit en effet insensé de penser que le souverain pût se lier irrévocablement par ses propres lois, et déroger d'avance aujourd'hui à celles qu'il croira nécessaires d'établir demain. Le peuple, en qui réside originairement la puissance souveraine, le peuple, seul auteur du gouvernement politique, et distributeur du pouvoir confié en masse ou en différentes parties à ses magistrats, est donc éternellement en droit d'interpréter son contrat, ou plutôt ses dons; d'en modifier les clauses; de les annuller, et d'établir un nouvel ordre de choses.

Ah! milord, vous me chagrinez, lui dis-je; voilà que toutes mes idées se brouillent. Ce droit funeste que la nature nous a donné, et dont il est difficile de ne pas convenir, semble condamner les hommes à des malheurs toujours nouveaux. Si le peuple, toujours libre de ses engagemens, peut toujours changer sa constitution, que deviendront les lois fondamentales ? Ce qu'elles pourront, me répondit-il froidement; de nouvelles lois fondamentales succéderont à des lois fondamentales détruites. J'entends, repris-je; mais vous ne m'ôtez pas mon inquiétude. S'il importe aux hommes qu'il entre une sorte de routine dans leur gouvernement, ce qui forme leur caractère et leur donne un esprit national; si cette routine est nécessaire pour contenir les brouillons et les séditieux, pour donner aux lois une gravité et une certaine consistance qui les rendent peut-être plus salutaires que leur sagesse même ; pour donner, en un mot, à toute la masse du gouvernement une forme constante et une marche uniforme et certaine ; cette routine ne devient-elle pas un bien considérable pour les peuples ? Qu'ils soient persuadés qu'en tout temps ils sont les maîtres de changer leur gouvernement, et je vous réponds que le moindre mécontentement, produira des révolutions. Vous ne verrez pas, milord, les lois fondamentales se succéder ; mais l'anarchie sera bientôt l'état habituel de cette nation inconsidérée et volage.

Bon, bon ! me repliqua milord, argument françois ! Vous croyez me faire peur, avec votre anarchie ; mais ne voyez-vous pas, que si vous craignez un petit mal de ma doctrine, j'en craindrois un beaucoup plus grand de la vôtre, qui rendroit toutes les fautes irréparables ? Eh ! plût à Dieu, les révolutions fassent-elles moins rares et moins difficiles ! Allez, ajouta-t-il en me serrant la main, un peuple sera persuadé de la vérité que je viens de vous exposer, et il ne ruinera point les loix fondamentales à force de les changer. La nature y a mis bon ordre : fiez-vous à l'empire absolu que l'habitude exerce sur les hommes. Nous autres philosophes, descendons en nous-mêmes ; examinons-nous de bonne-foi ; et nous rougirons de nous trouver presque toujours d'assez plats routiniers. Une nation s'accommode souvent d'un gouvernement bizarre et vicieux, dont tous les ressorts se contrarient ; comment penseroit-elle à changer un gouvernement qui ne la rend pas malheureuse ? Plus d'états ont dû leur ruine ou des malheurs passagers à l'attachement opiniâtre qu'ils ont eu pour leurs coutumes ou leurs lois, qu'à la passion de les changer. Parcourez l'histoire, et montrez-moi des peuples qui soient tombés dans l'anarchie à force de changer leur gouvernement : c'est parce qu'ils sont routiniers, qu'ils oublient au contraire, et perdent enfin leurs lois fondamentales. De simples coutumes introduites par le temps, le besoin des circonstances, ou la négligence et les passions des magistrats, acquièrent peu-à-peu de l'autorité ; elles n'en ont pas assez pour faire taire les lois ; et les lois, quoique languissantes, ont encore assez de force pour lutter contre les coutumes : et c'est alors, et de cette seule manière, que les nations tombent dans l'anarchie.

J'eus quelqu'envie, monsieur, de parler à milord de la prescription qui, étant capable de légitimer après un certain nombre d'années, les possessions les moins régulières, pourroit peut-être réparer les défauts du contrat constitutif de la société. Elle pourroit servir de titre à ces magistrats qui, ayant acquis peu-à-peu, par adresse ou par force, une autorité bien différente de celle qu'on leur avoit confiée, deviennent enfin des monarques absolus. Mais j'avois déjà assez profité de ses entretiens, pour prévoir ce qu'il m'auroit répondu; et je priai seulement d'examiner s'il n'y avoit pas des états qui ne devoient point leur origine à des conventions.

Je supposois un peuple qui, ayant allumé une guerre injuste, seroit vaincu par ses ennemis; et j'avois de la peine à concevoir qu'après sa défaite, il lui restât quelque droit à la liberté. Une déclaration de guerre contre un peuple, est un arrêt de mort contre lui, et cette mort est juste, parce qu'elle est le châtiment de son injustice. Si le vainqueur, disois-je à milord, est le maître de la vie du vaincu, pourquoi ne pourroit-il pas la lui vendre aux dépens de sa liberté ? Et quel droit peut avoir un peuple esclave qui ne vit que précairement, et qui n'est pas membre de la société ?

Les droits communs de l'humanité, me répondit vivement milord: et que voulez-vous me dire avec votre arrêt de mort ? il me semble entendre Attila. Si quelques peuples envieux ont réduit en esclavage leurs ennemis vaincus, l'abus qu'ils ont fait de la victoire, et leur injustice condamnée par la raison, ne forment point un titre contre les droits de la nature : c'est ce qu'on a dû faire, et non pas ce qu'on a fait, qui doit être la règle de notre conduite. Aujourd'hui que nous sommes ennemis, l'Angleterre est donc autorisée à dévaster la France si elle peut, et à passer tous les François au fil de l'épée ? vous pouvez donc ne faire de notre île qu'un vaste désert ? La guerre ne permet de tuer que les citoyens armés pour faire la guerre : les femmes, les enfans, les vieillards, les bourgeois..... j'en frémis ! tuer même le soldat qui pose les armes et demande la vie, c'est un assassinat.

Je vous dirai d'abord, poursuivit milord, qu'un vainqueur qui connoît ses vrais intérêts, doit nécessairement imiter la modération des Romains dans les beaux temps de leur république. Ils laissoient au peuple vaincu ses lois, ses coutumes, ses magistrats et son gouvernement ; ils ne lui demandoient que son alliance et son amitié. Voilà comme on établit un empire grand et florissant.

En second lieu, il est faux que des vaincus ne jouissent pas des droits de la société. Tout homme, à l'exception d'un insensé ou d'un malfaiteur, doit être citoyen, quand il vit avec les hommes qui ont des lois. Il n'est pas vrai que des vaincus ne vivent que précairement : s'ils n'ont pas encore fait de conventions avec le vainqueur, il est évident que l'état de guerre subsiste ; par conséquent ils ne lui doivent rien encore ; ils peuvent encore le tuer, et secouer le joug qu'on leur impose. S'il y a une convention, et que la guerre paroisse finie, le vaincu n'est obligé à remplir son traité qu'autant que les articles n'en sont pas contraires à la nature et à la fin de la société. Le vainqueur doit y prendre garde ; s'il abuse insolemment de la victoire et de ses forces, en privant le vaincu des privilèges de la société, il le fait rentrer dans l'état de nature, le rend par conséquent libre et indépendant, et la guerre subsiste réellement sous le vain nom de paix. Plus la violence de mon ennemi est injuste, plus j'ai de droits à faire valoir contre lui; s'il me prive des avantages indispensablement attachés à l'humanité, j'ai tous les droits de l'humanité à faire valoir contre sa tyrannie; c'est à mon courage à pourvoir à mon salut, et je puis me faire justice; pardonnez mes répétitions dans une matière aussi importante. Si mon vainqueur ne me traite pas en homme, qui n'est fait que pour être indépendant dans l'état de nature, ou citoyen dans une société; c'est sa faute. Puisqu'il n'y a aucune loi, aucun magistrat entre lui et moi, je le punirai par ma révolte, dont le succès pourra être malheureux, mais qui ne sera jamais criminelle. Admirez la sagesse de la providence: elle veut que le vainqueur devienne le père et le protecteur du vaincu; s'il abuse de sa prospérité, elle lui suscite des ennemis dans ses nouveaux sujets; s'il les opprime avec assez d'art pour qu'ils ne puissent tenter de secouer le joug, il affoiblit lui-même ses propres forces, il a sappé les fondemens de sa puissance, et il ne trouve dans ses esclaves aucun secours contre ses ennemis étrangers.

Ah! milord, m'écriai-je, que je suis content de me voir confondu par vos raisonnemens! Ce n'est pas mon esprit seul, c'est mon cœur qui les dévore, et je ne puis me rassasier de cette doctrine qui respire l'humanité. C'en est fait: désabusé pour toujours des sophismes qu'ont inventé les partisans du pouvoir arbitraire, me voilà convaincu qu'il n'y a d'autorité légitime que celle qui est fondée sur un contrat raisonnable; que la loi seule est en droit de régner sur les hommes, et que tout est permis pour établir son empire. Tout peuple libre peut donc affermir sa liberté, en limitant, divisant ou multipliant les fonctions de ses magistrats; tout un peuple asservi peut donc travailler à recouvrer sa liberté. N'est-il pas bien surprenant que j'aie eu besoin de vos lumières pour voir qu'il est insensé de croire que des citoyens ne puissent sans crime, aspirer à rendre la société plus raisonnable? Mais j'entrevois déjà que mes Puffendorf et mes Grotius ont tort de vouloir qu'on attende, pour se soulever contre la tyrannie, que les abus en soient extrêmes. Oui, me dit milord, c'est après la mort recourir au médecin.

Puisqu'un roi d'Angleterre, reprit-il, n'est qu'un homme, nous serions injustes de ne pas pardonner ces foiblesses humaines pour lesquelles il n'est aucun de nous qui ne réclame l'indulgence de ses pareils. Erreur, bévue, distraction, sottise même; tout cela n'est rien;

mais cherche-t-il à se faire quelque nouveau droit aux dépens même d'un seul citoyen? Veut-il étendre sa prérogative d'une ligne au-delà des bornes qui lui sont prescrites ? Ose-t-il faire soupçonner que tout ce qu'il a, il ne le tient pas de ses peuples ? la nation, au premier symptôme d'ambition, doit agir avec la plus grande vigueur. Ce n'est rien, me crieront tous les jurisconsultes ; vous vous tourmentez pour des bagatelles. Mais ce sont ces riens multipliés et entassés peu-à-peu, leur répondrai-je, qui produisent enfin le pouvoir arbitraire : c'étoit bien peu de chose que la royauté de vos premiers Capétiens ; mais en empiétant insensiblement sur les droits de leurs vassaux et de *leurs communes*, ils sont parvenus à composer cette masse énorme de puissance qui écrase tout de son poids. Votre clergé, votre noblesse, votre tiers-état, ont toujours dit : ce n'est pas la peine de contester, de disputer, de résister pour si peu de chose ; et avec cette admirable prudence, ils se sont affoiblis peu-à-peu, et ne sont rien aujourd'hui. Voilà l'abîme où conduit nécessairement la doctrine de vos docteurs : jugez donc si elle est sage.

Voyez je vous prie, Puffendorf : il demande quelque part si un citoyen innocent qu'on veut faire périr, et qui ne peut s'échapper, doit souffrir patiemment tout ce que la rage inspire à son souverain. Après bien des efforts pour ne pas voir que dès que le prince rompt le lien de la société, ce lien ne subsiste plus pour son sujet, il permet enfin à ce malheureux de recourir à la force ; mais par la plus bizarre des générosités, il veut qu'il en soit nécessairement la victime ; il défend à ses concitoyens de le protéger et de venir à son secours. Il faut l'avouer, ce Puffendorf pensoit bien différemment de Solon. On demandoit un jour à ce législateur des Athéniens, quelle ville lui paroissoit la plus heureuse et la mieux policée ? Ce seroit, répondit-il, celle ou chaque citoyen regarderoit l'injure faite à son concitoyen comme la sienne propre, et en poursuivroit la véngeance avec la même chaleur. Que la bassesse de nos mœurs a avili nos ames et nos lois ! La vertu que Solon desiroit dans Athènes, seroit regardée aujourd'hui comme le crime d'un séditieux. Comment Puffendorf n'a-t-il pas senti que la violence faite à mon concitoyen est une injure pour moi ? Si je ne réprime pas cette tyrannie naissante, elle fera des progrès rapides; et ne mérité-je pas d'en être à mon tour la victime ?

Nous voici à la fin de notre promenade; rentrons, ajouta milord;

mais je ne puis cependant m'empêcher de vous dire encore un mot au sujet de cette prescription que tant de jurisconsultes font valoir en faveur des despotes et des familles qui ont usurpé la souveraineté dans les aristocraties. Pourquoi avez-vous négligé ce grand argument ? J'ai été tenté d'en faire usage, lui répondis-je ; mais j'ai sagement fait attention que la loi de la prescription, salutaire quand il ne s'agit que des droits particuliers des citoyens à l'égard de leurs possessions, ne peut s'appliquer aux objets plus relevés que nous traitons, c'est-à-dire, aux principes du gouvernement.

En effet, Monsieur, la prescription qui assigne un terme aux prétentions et aux demandes respectives des citoyens, leur procure le plus grand des biens. Que deviendroit le repos des familles, si personne n'étoit jamais sûr de jouir tranquillement de la maison qu'il habite, ni des champs qu'il cultive ? Quelle instabilité dans les fortunes ! quelle porte ouverte à la cupidité, à la mauvaise foi et à la chicane ! Seroit-il possible aux juges de pénétrer dans l'obscurité des temps, et d'y démêler la vérité ? Dès qu'il y a des propriétés, la prescription est donc la loi civile la plus sage, parcequ'elle tend à l'objet que se propose la société, et établit une véritable paix entre les citoyens ; mais en l'étendant aux usurpations des princes et des magistrats, elle favoriseroit au contraire le désordre et le despotisme, c'est-à-dire, le renversement du principe et de la fin de la société.

D'ailleurs, poursuivis-je, la loi peut refuser à un citoyen la faculté de revendiquer une propriété, une maison, un domaine, dont il a négligé pendant un certain nombre d'années la réclamation ; car il ne réclameroit cette possession qu'en vertu d'un droit que lui donneroient les lois civiles, et il a plu à ces mêmes lois, pour le bien de l'ordre et de la paix, de conférer un droit supérieur à celui qui possède sans trouble ce domaine depuis tant ou tant d'années. La loi par-là ne fait rien d'injuste, puisqu'en matière de propriété civile, les lois de la nature se taisent, et que tout dépend des conventions que les citoyens ont faites entr'eux. De-là vient la prodigieuse diversité qu'il y a dans la jurisprudence des différentes nations, et des provinces mêmes d'un même état : telle possession est légitime en Dauphiné, qui ne le sera point en Normandie.

Il n'en est pas de même, quand on considère le citoyen relativement à l'ordre politique de la société. Vous m'avez appris, milord, que je ne possède pas ma dignité d'homme et ma liberté, au même titre que ma maison; vous m'avez appris qu'il y a de certains droits que nous tenons de la nature, qui nous sont personnels, qui ne sont pas distingués de nous-mêmes, auxquels nous ne pouvons pas renoncer, et dont aucune loi humaine ne peut par conséquent nous priver. Si de certaines cessions faites au souverain, par l'acte le plus libre et le plus authentique, n'ont aucune force, comment pourroit-on se prévaloir de la prescription, pour rendre respectables, aux yeux des sujets, des usurpations, ouvrages de la force et de l'adresse? Plus la possession sera ancienne, plus on aura de reproches à faire au despote, et de titres à lui opposer.

J'entends encore parler quelquefois, me dit milord, de je ne sais quel consentement tacite, dont je ne découvre pas trop la validité. Un prince, dit-on, qui, à la faveur de quelqu'événement extraordinaire ou imprévu, acquiert une nouvelle prérogative, sans que ses sujets s'y opposent ou la désapprouvent, en jouit légitimement en vertu de leur silence. Il est évident que cela ne signifie rien pour une nation asservie ou foible, dont le moindre murmure, le moindre signe de désapprobation seroit un crime. Si le silence des sujets peut passer pour un consentement tacite, ce n'est que dans une nation libre, qui a des états ou des diètes où elle peut faire connoître sa volonté. Nos rois d'Angleterre, par exemple, se sont attribué, je ne sais comment, différens droits, et il est vrai qu'ils en jouissent légitimement, puisque le parlement de la nation, qui en est témoin, et qui ne s'y oppose pas, est censé y donner son consentement; mais la nation est toujours la maîtresse de détruire ces droits acquis et tolérés par un simple usage, quand elle en appercevra enfin les dangers, puisqu'elle peut pour son plus grand bien, priver la couronne des prérogatives mêmes que la loi la plus formelle lui attribue. Que deviendra ce misérable consentement tacite, après que nous n'avons pas fait grace aux actes les plus solemnels.

Adieu, Monsieur : une autrefois je vous promets d'être plus court. Si le commis qui a le secret des postes, ouvre cette lettre, j'espère qu'il n'y comprendra rien.

A Marly, ce 15 août 1758.

LETTRE QUATRIÈME.

Troisième Entretien. Examen d'un passage de Cicéron, dans son Traité des Lois. Qu'on ne doit pas obéir aux Lois injustes. Des causes qui produisent des Lois sages ou injustes dans les Nations.

Est-il vrai, Monsieur, que votre ame vous ait paru s'agrandir à la lecture de mes lettres ? Ce seroit un éloge très-agréable pour moi. J'en conclurois que j'ai été assez heureux pour y faire passer cet esprit de milord Stanhope, qui rend la raison intéressante, et touche le cœur en montrant des vérités à l'esprit. Je crois que vous n'avez pas voulu me flatter ; car il me semble, depuis que je connois mes droits et mes devoirs, que j'éprouve moi-même ce que vous avez éprouvé. Il me semble que la pompe des noms et des titres n'impose plus à mon imagination. Dans les hommes les plus humiliés par la fortune, je crois voir des princes détrônés qu'on retient dans les fers; dans les grands, je ne vois plus que des espèces de geoliers.

Nous fîmes hier notre troisième promenade, et je vous ai desiré cent fois dans les allées sauvages de l'*étoile des muses* que vous aimez tant, et où milord, lassé de la magnificence et de la symétrie des jardins, a bien voulu continuer à m'instruire. Milord, lui dis-je, je connois, graces à vous, les droits de chaque nation; je sais que la liberté est un bienfait de la nature, et le pouvoir arbitraire le comble des malheurs; je sais qu'il est absurde que des lois détournées de leur véritable destination soient soumises à la volonté d'un monarque. La grande difficulté n'est pas de connoître la vérité, mais de mettre en pratique ce qu'elle ordonne. J'ai voulu prévenir ce que vous devez m'apprendre, et je me suis trouvé perdu dans un labyrinthe. Avant que de vous demander votre secours pour en sortir, permettez-moi de profiter encore du moment que vous voulez bien m'accorder pour vous entretenir d'un objet qui a un rapport très-prochain avec notre dernière conversation.

Il s'agit des lois : Cicéron en a fait un traité ; et hier au soir, jetant les yeux sur son ouvrage, je tombai par hasard sur un morceau très-intéressant. Ce philosophe attaque les Epicuriens qui croient qu'il n'y a de juste et d'injuste que ce que les lois politiques ordonnent ou défendent. Quoi ! s'écriet-il avec indignation, il seroit possible que les lois que des tyrans auroient faites, fussent justes ! Quoi ! si les trente tyrans en avoient voulu prescrire aux Athéniens, ou si les Athéniens s'étoient déclarés en faveur de ces lois, seroit-ce un motif pour s'y soumettre ? Non, sans doute, ajoute-t-il : il ne peut y avoir qu'un droit qui oblige les hommes, et il n'y a qu'une loi qui établisse un droit ; et cette loi, c'est la droite raison qui enseigne ce qu'il faut commander et ce qu'il faut défendre. Plusieurs nations, dit-il encore plus bas, ont autorisé chez elles des choses pernicieuses, funestes, et aussi éloignées de la raison que le seroient des conventions faites entre des brigands ; en vertu de quel titre m'y soumettrois-je ? Une loi injuste, sous quelque nom qu'on la donne, ne doit pas passer davantage pour une loi, quand même un peuple auroit pu s'y soumettre, que les drogues mortelles d'un empirique ignorant, pour des remèdes salutaires.

Mon premier mouvement, milord, est de penser comme Cicéron, et je dirois volontiers de lui ce qu'il disoit de Platon ; J'aime mieux m'égarer à sa suite, que de trouver la vérité avec d'autres philosophes ; cependant je ne puis m'effrayer de l'espèce de témérité qui me fait regarder ma raison particulière comme mon premier juge, mon premier magistrat, mon premier souverain. Je me rassure en voyant avec évidence que Dieu ne m'a pas doué de la raison, pour me laisser conduire par celle d'un autre. Mais je vais vous faire pitié : tous mes scrupules ou toutes mes incertitudes recommencent dès que je sens que je ne puis refuser à personne le droit que je m'attribue. Autant d'hommes, autant d'opinions

nions différentes : cependant n'est-il pas nécessaire, pour le bien de la société, qu'il y ait une raison universelle et commune; c'est-à-dire, la loi qui concilie toutes les opinions ? Enfin, milord, car il faut tout dire, la pensée de Cicéron, si conforme à votre sentiment sur l'empire que la raison doit exercer sur des êtres raisonnables, me paroît contredire la doctrine que vous m'avez enseignée au sujet des lois : tout doit leur obéir, m'avez-vous dit; il faut que le citoyen ne puisse résister au magistrat, et que le magistrat soit esclave des lois; de là naît tout le bien de la société, et je le crois comme vous; mais voici ce qui m'embarrasse : si chaque citoyen doit ne pas obéir à une loi injuste, chaque citoyen a donc droit d'examiner les lois ? Voilà tous les esprits faux autorisés à désobéir, et les mauvais citoyens ont un prétexte pour se révolter : je ne suis pas tranquille, et que voulez-vous que je devienne au milieu de cette anarchie que je prévois?

Essayons, me répondit milord, de séparer les lois en différentes classes, et vraisemblablement nous parviendrons par cette méthode, à concilier la dignité de la raison et l'autorité des lois qui nous paroissent opposées, et à juger des dangers ou des avantages attachés à l'examen que vous craignez. A l'égard des lois naturelles, vous voyez d'abord que n'étant que les préceptes de notre raison même, on ne sauroit trop les étudier; elles sont si simples, si claires, si lumineuses, qu'il suffit de les présenter aux hommes pour qu'ils y acquiescent à moins qu'ils ne soient troublés par quelque passion ou que les organes de leur cerveau ne soient dérangés. L'esprit le plus faux, et le paysan le plus grossier, savent, aussi bien que le philosophe le plus profond, qu'ils ne doivent pas faire à autrui ce qu'ils ne voudroient pas qui leur fût fait. Cet homme est avili par la misère et la bassesse de ses emplois : soyez sûr, cependant, que vous parviendrez à lui donner quelqu'idée de la dignité de son être ; tandis qu'Auguste, au milieu des sacrifices que lui offrent des Flamines, et des flatteries honteuses du sénat, est encore capable de sentir qu'il n'est qu'un homme. Plus on approfondira ces lois primitives de la nature, plus l'esprit s'en répandra dans nos lois politiques ; et n'est-ce pas en nous écartant de cette règle, que nous avons tout gâté ?

Tout peuple qui n'est pas barbare, a une religion ; et Dieu ne manque jamais d'avoir révélé aux prêtres ses volontés, c'est ce qu'on appelle ordinairement les lois divines. Il seroit insensé de n'y pas obéir, s'il est prouvé que les prêtres qui font parler le ciel, ou qui parlent par son ordre, ne sont pas dupes ou frippons; mais il est de la plus grande importance de s'en instruire, car il n'est que trop prouvé que dans la vraie religion, comme dans les fausses, les prêtres sont toujours hommes. S'ils nous révèlent des mystères qui soient au-dessus de notre raison, sans la contredire; s'ils nous ordonnent un culte qui n'ait rien d'indigne de la majesté de Dieu, ni rien de contraire aux mœurs, pourquoi hésiterions-nous d'obéir? S'ils veulent ennoblir de misérables pratiques, difficiles et souvent pernicieuses à la société, s'ils débitent par intérêt une morale et des maximes contraires aux lumières de la raison; il est plus sage, je crois, de penser qu'ils ont tort, que d'attribuer à Dieu leurs criminelles ou puériles extravagances : où je vois l'esprit de la prêtraille, je ne vois plus l'esprit de Dieu ; et tout le danger qu'encourt une société à n'être pas religieuse à la manière des prêtres, c'est de ne pas devenir superstitieuse. A la naissance de la grande réforme, les évêques ordonnèrent, au nom de Dieu, de brûler les luthériens et les calvinistes ; on les crut, et il en naquit des malheurs sans nombre. La paix et la concorde auroient régné, si chacun, au contraire, se fût dit : Dieu peut tout, et tolère cependant toutes les religions ; il est donc insensé que moi, qui ne puis rien, je prétende lui prêter main-forte, et tourmenter un pauvre presbytérien pour le soumettre à la dignité de l'évêque de Londres. Dès que la religion s'égare en détournant les hommes de leurs devoirs de citoyens, je ne devine point quel mal je puis faire en ne m'égarant point avec elle.

Dans la première classe des lois humaines, je range les lois fondamentales ou constitutives du gouvernement de chaque état. En vérité, poursuivit milord, dont je dévorois les discours, vous êtes trop modeste, si vous vous croyez téméraire en jugeant de leur justice ou de leur injustice; et vous ne faites pas grand cas de votre prochain, si vous lui refusez ce privilège. Ne craignez ni de longues ni de vives disputes : le sens le plus commun, suffit pour voir si les lois sont libres ou esclaves de l'autorité; si un gouvernement tend au bien général, ou si le corps de la société est sacrifié à quelqu'un de ses membres. Si on a établi un gouvernement vicieux, ou qu'il ait dégénéré de son institution, il me semble qu'après notre dernier entretien, vous ne devez plus balancer à penser comme Cicéron. Loin de desirer que la loi concilie alors toutes les opinions, ce qui confirmeroit les malheurs de la société, il faut regarder les contradictions faites à la loi, comme les commencemens d'une réforme heureuse. Il est de votre devoir de les favoriser. Ne craignez pas de prêter des armes aux esprits gauches et aux mauvais citoyens : la crainte du gouvernement qui les opprime, les contiendra ; ou s'ils osent parler, leurs mauvais raisonnemens et leurs mauvaises intentions, serviront à décrier des lois injustes.

De tout gouvernement, quel qu'il soit, reprit milord, découlent comme de leur source, toutes les lois particulières que les jurisconsultes divisent en économiques, criminelles, civiles, etc. Dans ces régions heureuses où les lois, ouvrages d'un peuple libre, sont méditées, faites, et publiées avec ces formalités et cette lenteur sage et réfléchie, qui leur donnent de la majesté et de la force, je voudrois, avec Platon, que le citoyen ne prétendît pas être plus sage que la loi, en refusant d'obéir à ce qu'il croit injuste. Sa raison seroit trop présomptueuse : il doit proposer des doutes et demander des éclaircissemens ; mais qu'il obéisse par provision. Son obéissance ne sera pas criminelle : douter n'est pas un motif suffisant pour s'opposer à la loi ; d'ailleurs, la sagesse du gouvernement sous lequel il vit, ne justifie-t-elle pas son obéissance ?

Mais dans une pure démocratie, où tout citoyen peut proposer ses rêveries pour en faire des lois, où n'ayant pris aucune précaution raisonnable pour déconcerter les complots des mal-intentionnés, pour prévoir l'engouement et amortir les passions toujours impétueuses de la multitude, il est évident que tout se décide par vertige : dois-je alors humilier mon sens commun, jusqu'au point de le soumettre aveuglément aux décrets d'une assemblée qui n'est qu'une cohue? Ne m'est-il pas permis comme à Lycurgue, de conjurer contre des loix qui font le malheur de ma patrie? S'il plaît aux Athéniens de décerner peine de mort contre quiconque proposera d'employer aux frais de la guerre, les fonds destinés pour représenter des comédies, Phocion respectera-t-il cette loi ridicule? Démosthène doit-il y obéir? et moi, sans être aucun de ces deux grands hommes, faut-il que j'aille gaiement au spectacle, tandis que Philippe s'avance à nos portes?

Un prince met froidement à la tête de ses ordonnances, que *tel est son bon plaisir* : quelle raison, quel motif, quel titre pour exiger mon obéissance! La législation, ce que les hommes ont de plus sain et de plus sacré, est-elle une partie de chasse ? Regarderai-je comme des lois augustes, des chiffons d'ordres fabriqués dans l'obscurité, par des vues intéressées, publiés sans règle ou avec des formes puériles qui ne peuvent me rassurer ? Un despote doit m'être suspect, par cela seul que son emploi est au-dessus des forces humaines, et que la fragile vertu des hommes n'est point faite pour résister aux tentations et aux fraudes sans nombre qui assiègent la royauté; et je forcerai ma logique d'en conclure qu'il est prudent de croire, sur sa parole, que ses lois impartiales tendent au bien général, et que le public ne peut pas être sacrifié aux passions de ses ministres et de ses favoris ? Son divan fait tous les jours des sottises dont la canaille la plus froide riroit, si elle n'en étoit pas la victime; et je serai assez insensé pour me croire obligé d'obéir à ces ordonnances ?

Non, non ; Cicéron avoit raison : nous sommes convenus, comme d'une vérité incontestable, que le citoyen doit obéir au magistrat, et le magistrat aux lois, et vous devez être sûr que dans une république où cet ordre sera observé, l'injustice des lois n'y fera jamais naître des querelles pernicieuses. mais puisque ces heureuses républiques sont rares dans le monde ; puisque les hommes toujours portés à la tyrannie ou à la servitude par leurs passions, sont assez méchans ou assez sots pour faire des lois injustes et absurdes, quel autre remède peut-on appliquer à ce mal que la désobéissance ? Il en naîtra quelques troubles ; mais pourquoi en être effrayé ? Ce trouble est lui-même une preuve qu'on aime l'ordre et qu'on veut le rétablir. L'obéissance aveugle est au contraire une preuve que le citoyen hébêté est indifférent pour le bien et pour le mal, et dès-lors, que voulez-vous espérer ? L'homme qui pense, travaille à affermir l'empire de la raison ; l'homme qui obéit sans penser, se précipite audevant de la servitude, parce qu'il favorise le pouvoir des passions.

Je vous prie, me dit milord, de vous rappeler un endroit du traité des lois, où Quintus fait une déclamation éloquente contre la puissance des tribuns du peuple. Que lui répond Cicéron ? Mon frère, voilà une autre peinture vive et fidelle de tous les inconvéniens du tribunal ; mais prenez garde qu'en les relevant, vous n'ayiez pas l'équité de nous présenter en même-temps les avantages sans nombre et sans prix, que cette magistrature nous a procurés. Il faudroit comparer le bien et le mal ; il faudroit les peser avec équité. Commencez par-là, et vous verrez ensuite que votre république n'auroit jamais joui des biens inestimables que nous devons à l'activité, au courage, à la fermeté, et à la vigilance inquiète et journalière des tribuns, si nous avions voulu en séparer les maux passagers que leur ambition, leurs cabales et leurs intrigues, ont quelquefois produits.

Tout le monde raisonne en politique comme Quintus; et je vous dirai, comme Cicéron : ces petits troubles qui vous alarment, sont, il est vrai, un inconvénient; mais ils sont accompagnés d'un avantage qui fait la sûreté et le salut de l'état. Voilà les tribuns de Quintus, qui ont eu quelquefois tort, et mis quelquefois des obstacles à des entreprises salutaires; mais en s'opposant constamment à la tyrannie des patriciens et à l'ambition du sénat, ils ont conservé la dignité du peuple qui a fait la dignité de la république. Ils ont affermi les lois et empêché qu'elles ne devinssent oppressives ; ils ont animé le courage et l'émulation, et procuré aux citoyens tous les biens dont ils ont joui. Que de choses on approuveroit, qu'on prend la liberté de blâmer, si on se donnoit la peine de les examiner par toutes leurs faces, de voir, non pas seulement leurs rapports et leurs effets les plus prochains, mais les plus éloignés !

Nous voudrions des biens sans mélange, et cependant c'est une grande folie d'en espérer de tels ; puisque la société n'est composée que d'hommes, c'est-à-dire, de matériaux très-imparfaits. Contentons-nous de l'espèce de perfection à laquelle la nature nous a permis d'atteindre, et des moyens qu'elle nous a donnés pour y parvenir : le moindre mal, voilà notre plus grand bien. Dans le physique comme dans le moral, la nature a attaché je ne sais quelle amertume aux remèdes : faut-il pour cela refuser d'y recourir, ou, faire en les prenant, les grimaces d'un enfant? Je conçois bien que l'esprit d'inquiétude et d'examen répandu dans les citoyens, sera quelquefois aussi dangereux qu'un tribun; mais c'est un frein qui retient un gouvernement toujours prêt à franchir les bornes qui lui sont prescrites.

Au reste, ajouta milord, cette question des lois injustes et absurdes, est absolument la même que celle de la réforme du gouvernement, que nous traitâmes hier; car il seroit impossible que des citoyens dussent à-la-fois corriger de leur gouvernement les vices et obéir servilement et sans examen, aux lois qu'il impose. Pour achever de vous rassurer, je vous répéterai que je dispense du soin d'examiner les lois, tous ces hommes qui n'ont qu'une espèce d'instinct, et que leur ignorance condamne à n'avoir d'autre règle de conduite que l'autorité, l'habitude et l'exemple. Cicéron avoit sans doute pour eux la même indulgence; mais il exigeoit des gens d'esprit qu'ils fissent entendre leurs voix; et leur concours forme l'opinion publique, qui n'est jamais sans force.

Si vous connoissez quelqu'un, monsieur, qui veuille prendre la défense des lois injustes et absurdes, vous pouvez lui demander des mémoires, et me les envoyer; car, pour moi, je n'ose insister davantage, n'ayant à opposer à milord que de ces misérables lieux communs, qu'il pulvériseroit sans peine: d'ailleurs, je vous l'avouerai, je n'ai pas le talent heureux de discuter contre ce que je crois la vérité.

Puisque nous raisonnons sur les lois, me dit milord, nous devrions avant que d'entrer dans des détails de réforme, dont vous êtes avide, consacrer le reste de notre promenade à rechercher quels moyens la nature nous a donnés pour n'avoir que des lois justes. Milord, lui repartis-je, sans doute que la nature est trop sage pour nous avoir donné une raison incapable de nous instruire de tous nos devoirs, et de pourvoir à tous nos besoins : que ne rentrons-nous en nous-mêmes : que n'imposons-nous silence à nos passions ; que ne consultons-nous avec soin notre raison, pour apprendre les ordres que nous donne la nature ? Certainement nos lois seront bonnes, quand elles ne seront, pour ainsi dire, que des rejetons des lois naturelles. Elles tendront alors à proscrire quelque vice, et à rendre plus familière la pratique de quelque vertu. Vous verriez alors les citoyens porter sans chagrin, le joug des lois, ou plutôt les aimer comme les principes de leur sureté et de leur bonheur. Vous avez raison, me répliqua milord : votre méthode est certaine; mais, à en juger par l'expérience, n'est-elle pas impraticable? Ce que je voudrois savoir, c'est s'il n'y a point quelqu'art par le secours duquel les hommes, toujours prêts à être aveuglés et séduits par leurs passions, puissent se mettre en état d'en éviter la séduction, et de trouver la vérité qui leur est si salutaire, et qui semble toujours les fuir. J'allois répondre à cette question, monsieur, qu'il faut faire fleurir dans un état l'étude de la jurisprudence; fonder des chaires de professeurs en droit naturel; établir un conseil de législation, composé d'honnêtes gens, et cent autres choses de cette force; lorsque je m'apperçus heureusement que milord Stanhope n'avoit que la curiosité de voir si j'avois profité de son entretien, et j'eus le bon esprit de sentir que je trouverois ma réponse dans les principes dont il m'avoit instruit. Milord, lui dis-je en plaisantant, il y a de la malice dans votre fait : je ne sais pas trop ce que je vous aurois répondu il y a trois jours; mais aujourd'hui je vous dis hardiment qu'un état ne peut avoir de bonnes lois, qu'autant qu'il est lui-même son propre législateur.

Milord m'embrassa, monsieur; et moi, plein de joie d'avoir mérité une pareille faveur, et découvert en quelque sorte une vérité, j'abusai de sa patience à m'écouter; je lui fis voir, ce qu'il voyoit bien mieux que moi, qu'il est ridicule d'attendre dans une monarchie ou dans un gouvernement aristocratique des lois justes et raisonnables. Comment un monarque ou des praticiens dédaigneux jouiroient-ils de la puissance législative sans que leurs passions, plus aveugles et plus emportées que celles des autres hommes, ne tournassent tout à leur avantage particulier ? Pouvant tout, ne voudront-ils que le bien ? Leurs flatteurs mêmes ne les empêcheroient-ils pas d'exécuter leurs projets ? Ce seroit un prodige dont à peine l'histoire de tous les siècles fournit trois ou quatre exemples : depuis le temps qu'on les avertit inutilement de préférer le bien public à leurs chevaux, à leurs maîtresses, à leurs chiens, à leurs complaisans, comment n'a-t-on pas encore compris qu'on parloit à des sourds ?

Dès qu'un peuple, au contraire, se sera réservé la puissance législative, soyez sûr qu'il aura bientôt les lois les plus sages et les plus salutaires. Un républicain assez fier de sa dignité pour ne vouloir obéir qu'aux lois, a naturellement l'ame droite, juste, élevée et courageuse. Qui s'accommode de la domination des hommes, doit être prêt à respecter des caprices, des injustices et des folies; son jugement y perd. A force de respecter les lois de leur sultan, les Turcs se sont accoutumés à regarder ses ordres particuliers comme des lois. Il n'y a plus d'autres vertus pour les sujets d'un despote, que la patience, et quelques utiles qualités d'esclaves, compatibles avec la paresse et la crainte. Si un peuple jaloux de sa liberté, se trompe quelquefois, ses erreurs ne sont que passagères; elles l'instruisent même : mais pour les hommes asservis sous le joug, leur première faute en prépare infailliblement une seconde.

Prenez garde à vous, me dit milord en m'interrompant; vous vous échauffez, vous allez peut-être trop loin, sans faire attention que la vérité se tient également éloignée de tout excès. J'ai peur qu'en louant sans restriction l'amour de la liberté, vous ne vous trouviez réduit à ne pouvoir pas blâmer une démocratie pareille à celle des Athéniens, qui, ne laissant aux magistrats qu'un vain nom et un pouvoir inutile, devoit dégénérer en tyrannie. Si l'amour de la liberté élève l'ame, il exalte aussi souvent les passions d'une manière dangereuse. La place publique dans une démocratie voit porter des décrets aussi injustes et aussi absurdes que ceux du divan. La source de tout bien, c'est l'amour de la liberté; mais il doit être accompagné de l'amour des lois; sans l'union de ces deux sentimens, les lois, toujours incertaines et flottantes, seront tour-à-tour dictées et détruités par les passions de la multitude, et l'anarchie produira enfin la tyrannie.

L'amour de la liberté suffit pour donner naissance à une république; mais l'amour seul pour les lois peut la conserver et la faire fleurir; et c'est de l'union de ces deux sentimens, que la politique doit faire par conséquent son principal objet. On travaillera inutilement à établir cette union précieuse, ou à la conserver, si on ne cherche sans cesse à rendre le gouvernement impartial et favorable à tous les ordres de citoyens : en vous proposant cette fin, ne craignez point de faire des lois injustes; en la négligeant, n'espérez pas le bonheur public. Le législateur prêt à porter une loi pour corriger un abus qui s'est glissé dans l'état, doit se demander avec soin, si cette loi n'est point propre à diminuer, soit directement, soit indirectement, l'amour de la liberté ou le respect pour les lois. Si elle produit un de ces deux effets, soyez sûr que malgré le bien apparent et passager qu'elle produira, elle a porté une plaie mortelle à la république. Cela seul ne suffit pas; il faut, pour ainsi dire, que vous teniez ces deux sentimens en équilibre dans le cœur de vos citoyens. Je vous l'ai déjà dit : les passions, telles que l'ambition, la colère, l'orgueil, l'avarice, abuseront d'une manière étrange de l'amour de la liberté, s'il n'est point dirigé par l'amour des lois; et d'autres passions, la paresse, la volupté, la crainte, rendront inutile et même dangereux, le respect pour les lois, s'il n'est point animé par l'amour de la liberté.

Suivez l'histoire des républiques de l'antiquité; et vous verrez les dissentions s'y former, dès que cet équilibre que je demande se perd. Se rétablit-il ? le calme succédera au trouble. N'est-il plus possible de tenir la balance égale ? l'état est perdu sans ressource. Dans ces momens de décadence, on a vu des républiques qui gémissoient sous le poids de leurs malheurs, faire sans succès des lois et des réglemens en apparence sages et salutaires. Quelle en est la cause ? C'est qu'on n'a pas commencé la réforme par où il auroit fallu la commencer. On applique un remède à tel ou tel vice en particulier, mais il auroit fallu remonter à la cause qui l'a produit. Les lois particulières ne produiront aucun effet quand les lois constitutives du gouvernement seront mauvaises ou auront perdu leur force.

Les hommes n'ont presque jamais connu l'ordre et la méthode de la législation, faute de distinguer les lois selon leur importance, leur pouvoir, leur efficacité et leur influence. Les états ont presque toujours travaillé inutilement à se rendre heureux, ou ne l'ont été que pendant quelques momens : les peuples libres n'ont que trop ordinairement le malheur de se déguiser les vices de leur constitution, et même de les aimer ; et de-là vient que tant de républiques ne jouissent qu'à moitié des avantages que procure la liberté. Elles sont tourmentées par une foule d'inconvéniens dont elles ne peuvent se débarrasser, parce qu'elles en aiment le principe. Nous autres Anglois, nous nous plaignons de mille désordres qui tiennent à de certaines prérogatives de la couronne : que nous importe d'établir par des bills la libre élection des communes et le pouvoir des deux chambres du parlement, tandis que nous respectons dans le roi le droit qu'il a de nous corrompre ?

D'autres républiques ont un gouvernement dont toutes les parties sagement liées se prêtent une force mutuelle; mais vous les verrez elles-mêmes y porter la main pour en déranger l'harmonie. Tantôt, par une espèce de vertige, les citoyens augmenteront la puissance d'une magistrature, et ne s'appercevront de leur faute que quand les haines et les jalousies qu'ils ont fait naître ne permettront plus de la réparer; tantôt ils voudront associer des choses insociables. Ils voudront jouir dans un état libre des vices agréables qui ont soumis leurs voisins aux ordres arbitraires d'un despote. Quel peuple est assez sage pour appercevoir la relation intime et nécessaire qui existe entre la liberté et les bonnes mœurs? Encouragez l'avarice et le luxe, sous prétexte de favoriser le commerce, et je vous prédis que toutes les lois que vous ferez pour affermir votre liberté ne vous empêcheront point d'être esclaves. Quelle république pourroit échapper au sort de Sparte et de Rome corrompues, quand elle en prendra les vices ?

Je ne vous répéterai point ici, monsieur, tout ce que milord Stanhope m'a dit sur le rapport de la morale et de la politique. Il est entré dans mille détails, il est vrai, très-curieux, mais je puis dire, sans vouloir vous flatter, que je vous ai entendu faire plusieurs fois les mêmes réflexions. Il m'a fait voir par quels liens cachés tous les vices se tiennent les uns aux autres ; ils sont moins dangereux par les maux qu'ils produisent, que par le bien qu'ils empêchent, en jetant l'ame dans une sorte d'engourdissement qui ne lui laisse aucune force. Les bonnes mœurs veillent, pour ainsi dire, comme des sentinelles devant les lois, et empêchent qu'on n'ose même songer à les violer; les mauvaises mœurs, au contraire, les font tomber dans l'oubli et dans le mépris. Vous vous le rappelez sans doute, monsieur, combien de fois, dans nos rêveries politiques, n'avons-nous pas cherché des remèdes aux vices de notre administration? Combien de projets de réforme n'avons-nous pas imaginés? Mais nous finissions toujours nos tristes entretiens par nous plaindre de ne point trouver d'honnêtes gens pour les exécuter.

Savez-vous, me dit milord, en finissant notre promenade, quelle est la principale source de tous les malheurs qui affligent l'humanité? C'est la propriété des biens. Je sais, ajouta-t-il, que les premières sociétés ont pu l'établir avec justice; on la trouve même toute établie dans l'état de nature; car personne ne peut nier que l'homme alors n'eût droit de regarder comme son propre bien la cabane qu'il avoit élevée, et les fruits qu'il avoit cultivés. Rien n'empêchoit, sans doute, que des familles, en se réunissant en société, pour se prêter des forces réciproques, ne conservassent leurs propriétés ou ne partageassent entr'elles les champs qui devoient leur fournir des alimens. Vu même les désordres que causoient dans l'état de nature la barbarie des mœurs et le droit que chacun prétendoit exercer sur tout, et faute d'expérience pour prévoir les inconvéniens sans nombre qui résulteroient de ce partage, il dut paroître avantageux d'établir la propriété des biens entre les nouveaux citoyens. Mais nous, qui voyons les maux infinis qui sont sortis de cette boîte funeste de Pandore, si le moindre rayon d'espérance frappoit notre raison, ne devrions-nous pas aspirer à cette heureuse communauté de biens, tant louée, tant regrettée par les poètes, que Lycurgue avoit établie à Lacédémone, que Platon vouloit faire revivre dans sa république, et qui, graces à la dépravation des mœurs ne peut plus être qu'une chimère dans le monde?

Avec quelqu'égalité qu'on partage d'abord les biens d'une république, soyez sûr, poursuivit milord, que l'égalité ne règnera plus entre les citoyens à la troisième génération. Vous n'avez qu'un fils, formé sous vos yeux à l'économie et au travail, et il recueillera votre succession cultivée avec soin, tandis que moi, à qui la nature a refusé vos forces et vos talens, moins actif, moins industrieux ou moins heureux, je partagerai la mienne entre trois ou quatre enfans paresseux ou peut-être dissipateurs. Voilà des hommes nécessairement inégaux ; car l'inégalité des fortunes produit infailliblement des besoins différens et une sorte de subordination désavouée, il est vrai, par les lois de la nature et par la raison, mais reconnue par les passions nombreuses que les richesses et la pauvreté ont déjà fait naître. Il n'est pas possible que les riches, dès qu'ils seront estimés et considérés par leur fortune, ne se liguent et ne prétendent former un ordre séparé de la multitude. De la meilleure foi du monde, ils croiront mériter la place qui n'est due qu'à la vertu et aux talens. Ils s'arrogeront le droit d'être durs, fiers, dédaigneux et insolens avec les pauvres dont ils excitent à la fois l'envie et l'admiration. Que de vices tourmente déjà la société ! Ils se multiplieront avec les arts inutiles. N'espérez plus que le bien public soit le premier intérêt du citoyen; sa propriété, et les distinctions que son orgueil s'est acquise, sont pour lui des biens plus précieux que la patrie. Il se forme des intrigues, des cabales et des factions : pendant que le luxe développe dans les grands l'esprit de tyrannie, il dégrade la multitude, de jour en jour plus hébêtée, et la façonne à l'esclavage.

On murmure d'abord contre les abus, mais on les supporte tant qu'ils ne sont pas extrêmes, et cette condescendance même les accrédite. Parviennent-ils enfin à ce point d'effronterie qui révolte ? il n'est presque plus temps d'y remédier. Fera-t-on des lois agraires et somptuaires ? elles ne conviennent plus aux mœurs publiques et privées. On excitera inutilement dans la république des commotions qui prouveront qu'il n'y a plus de gouvernement, et pour imposer silence à quelques lois inutiles qu'on ose encore réclamer, les citoyens effarouchés se porteront, autant par avarice que par ambition, aux violences les plus atroces : les passions forment les projets les plus vastes, le succès les couronne et la tyrannie appesantit sa main sur des citoyens qu'elle craint ; voilà l'histoire romaine. S'abandonne-t-on sans courage et avec nonchalance au cours des événemens et des vices ? une sorte de tyrannie froide, timide et concertée, s'établira dans l'état : le bien public sera d'abord oublié, et ensuite méprisé par-tout : des rescripts honteux, publiés sous le nom de lois, sèmeront la division entre les citoyens, et mettront en honneur l'avilissement, la fraude et la délation : la tyrannie ne daignera pas répandre des torrens de sang, parce qu'elle méprise ses esclaves : d'un côté, on ne verra que des oppresseurs oisifs, stupides et enivrés de l'immensité de leur fortune, qui promettront des récompenses à qui pourra leur rendre le sentiment du plaisir, étouffé sous les voluptés : de l'autre, on verra des opprimés à qui leur misère a ôté la faculté de penser; et ces brutes, qui ne se croient plus des hommes, et qui ne le sont plus en effet, seront occupés d'une vile pâture qu'on leur refuse; voilà l'histoire de ces peuples anciens, Assyriens, Babyloniens, Mèdes, Perses, etc. décriés par leur luxe et leur mollesse, et de la plupart de nos états modernes.

Asseyons-nous un moment sur cette bruyère, me dit milord; je ne puis y résister, mais gardez-moi le secret; je veux vous faire confidence d'une de mes folies. Jamais je ne lis dans quelque voyageur la description de quelque île déserte, dont le ciel est serein et les eaux salubres, qu'il ne me prenne envie d'y aller établir une république où tous égaux, tous riches, tous pauvres, tous libres, tous frères, notre première loi seroit de ne rien posséder en propre. Nous porterions dans des magasins publics les fruits de nos travaux; ce seroit-là le trésor de l'état et le patrimoine de chaque citoyen. Tous les ans les pères de famille éliroient des économes, chargés de distribuer les choses nécessaires aux besoins de chaque particulier, de lui assigner la tâche de travail qu'en exigeroit la communauté, et d'entretenir les bonnes mœurs dans l'état.

Je sais tout ce que la propriété inspire de goût et d'ardeur pour le travail; mais si dans notre corruption, nous ne connoissons plus que ce ressort capable de nous mouvoir, ne nous trompons pas jusqu'au point de croire que rien n'y puisse suppléer. Les hommes n'ont-ils qu'une passion ? L'amour de la gloire et de la considération, si je savois le remuer, ne deviendroit-il pas aussi actif que l'avarice, dont il n'auroit aucun des inconvéniens ? Ce ne seroit point aux inventeurs des arts que je décernerois des récompenses propres à exciter l'émulation, mais aux laboureurs dont les champs seroient les plus fertiles, aux bergers dont le troupeau seroit le plus sain et le plus fécond ; au chasseur le plus adroit et le plus exercé à supporter les fatigues et les intempéries des saisons ; au tisserand le plus laborieux ; à la femme la plus occupée de ses devoirs domestiques ; au père le plus attentif à instruire sa famille des devoirs de l'humanité, et aux enfans les plus dociles aux leçons, et les plus empressés à imiter les vertus de leurs pères. Ne voyez-vous pas l'espèce humaine s'ennoblir sous cette législation, et trouver sans peine un bonheur que notre cupidité, notre orgueil et notre mollesse recherchée nous promettent inutilement? Il n'a tenu qu'aux hommes de réaliser cette chimère si vantée de l'âge d'or. Quelle passion oseroit se montrer dans mon île? Nous n'aurions point sur nos têtes ce fardeau des lois inutiles dont tous les peuples sont aujourd'hui accablés. Lassé du spectacle fatiguant et insensé que présente l'Europe, je ne puis permettre à mon imagination de s'occuper de ces agréables rêveries, que mon ame ne s'ouvre à de douces espérances. Je crois presque jouir des fantômes que j'ai formés, et ce n'est qu'en gémissant que je m'en sépare. Vous m'écoutez avec plus d'attention, me dit milord; votre cœur, trompé par une illusion qui le flatte, s'y repose avec plaisir: ne vous dit-il pas que c'est là le bonheur pour lequel les hommes étoient faits?

Partons, milord, lui répondis-je, je vous suis; où, et quand nous embarquons-nous ? Allons sous un ciel nouveau, où, dépouillés des préjugés et des passions de l'Europe, nous puissions en être éternellement oubliés, et ne plus voir les folies cruelles de nos gouvernemens, et les misères de nos concitoyens. C'est fort bien, me répliqua milord, avec un soupir auquel succéda un sourire; partons, j'y consens; mais vous et moi ne formerons pas une république. Qui voudra nous suivre ? Qui voudra aller chercher loin de sa patrie un bonheur qu'il dédaigneroit, s'il le trouvoit sous sa main ? Nous sommes parvenus à ce point énorme de corruption, que l'extrême sagesse doit paroître l'extrême folie, et l'est en effet. Si nous n'avons pas des hommes tout nouveaux pour en faire à notre gré des citoyens ; comment parviendrons-nous à changer leurs idées ? Comment couperons-nous dans leurs cœurs la racine de ces passions sans nombre, toujours renaissantes, et dont l'éducation et l'habitude ont rendu l'empire inébranlable ?

Cicéron blâme quelquefois Caton de parler aux Romains de son temps, comme s'il eût été dans la république de Platon : ne méritons pas plus long-temps le même reproche, et soyons plus sages que Caton. Nous rampons dans le fond d'un abîme, nous y traînons des chaînes pesantes, qu'aucune force humaine ne peut rompre; ne tentons pas de nous élever d'un vol rapide au sommet d'une montagne qui perce les cieux. Rentrons, il est tard; ce n'est pas la peine d'entamer aujourd'hui la grande question, s'il est possible que nos peuples d'Europe, qui ont perdu leur liberté, puissent la recouvrer et la conserver. Demain, si vous le voulez, nous en reviendrons aux droits, et sur-tout aux devoirs raisonnables des citoyens; nous tâcherons de découvrir quel parti ils peuvent tirer de leur situation, presque désespérée; comme ils doivent être prudens, comment ils doivent être courageux, quels sont en un mot leurs espérances et leurs craintes.

Adieu, Monsieur; cette conversation que milord me promit hier, nous l'avons eue ce matin. Que de choses j'ai apprises, que je brûle de vous redire! Pourquoi le temps me manque-t-il? Attendez, avec bien de l'impatience, la lettre que je vous écrirai demain. Milord prétend, ce n'est point une plaisanterie, oui, milord prétend que nous, nous autres François, oui, nous, je ne me trompe pas, nous pourrions encore être libres, si nous le voulions; cela paroît miraculeux. Suspendez votre jugement, je crois en vérité qu'il ne tiendroit qu'à nous que milord eût raison.

A Marly ce 16 août 1758.

FIN DU PREMIER VOLUME.

www.ingramcontent.com/pod-product-compliance
Ingram Content Group UK Ltd.
Pitfield, Milton Keynes, MK11 3LW, UK
UKHW012208240726
13966UKWH00002B/641